KOBE UNIVERSITY MBA 論文の地平 1

2023年度
加護野忠男論文賞受賞作品集

神戸大学専門職大学院［MBA］●編

はしがき

　「加護野忠男論文賞」は、2004年度に創設されたMBA論文賞を源流とし、2008年度に神戸大学MBAの修士論文（専門職学位論文）に限定した賞としてリニューアルしたのを機に、神戸大学MBAの創設者のお一人である加護野忠男先生の名前を冠して始まりました。「加護野忠男論文賞」とすることに、加護野先生は当初は自分だけがMBAを創ったわけではないと遠慮されましたが、「加護野忠男」のお名前はやはり神戸大学経営学研究科を体現するものですからという説得に応じられ、審査委員長をお務めいただくだけでなく、2020年からは私財を投じて六甲台後援会を通じて賞金も用意してくださいました。

　「加護野忠男論文賞」は、創設以来2023年度までに51編の論文に賞を授与してきました。そのリストは巻末に掲載しています。受賞作の質は年々向上し、審査委員会で神戸大学図書館に保存するだけではもったいないのではないかという声があがるようになり、経営学研究科としては2023年度の受賞作から書籍化することにいたしました。その記念すべき第1巻が本書です。

　神戸大学MBAは、働きながら学ぶ（By the Job Learning）、研究に基礎を置く教育（Research-based Education）、プロジェクト方式（Project Research Method）という3つの基本コンセプトを掲げています。働きながら学ぶ学生たちは、職場で今まさに直面している問題を教室に持ち込み、最先端の研究を参照しながらその問題を掘り下げ、約1年の研究プロジェクトとして調査、分析、考察に取り組み、成果を修士論文にまとめます。ですから、修士論文には神戸大学MBAのコンセプトが凝縮されています。

　我々神戸大学MBAの教員は、MBA生の研究はリアルな職場の問題に取り組むものでなければならない、という信念を持っています。学会で話題のトピックや、洗練された分析手法を追いかけるのではなく、働きながらだからこそ気付く問題に取り組み、その問題解決に職場の人たちを巻き込める、説得力のある分析をする。こういったことがMBA生の書く修士論文には求められているのです。

本書に収められている3編の論文は、この要求を高いレベルで成し遂げたものたちです。いずれの論文も、ご自身の仕事の問題に真正面から取り組み、丁寧な調査と分析によって「なるほど！」と思わせる結論を導いています。

　本書は、社会人学生を対象とした経営学教育に関わる方にぜひ読んでいただきたいです。仕事をしながら学ぶ学生たちがどのような研究をすべきか、経営学を通じて何を学び、彼／彼女らが直面する課題に対する答えをどのように考えるべきか。本書に収められた論文は、その展望の一つを提示するものとなっています。もちろん、これがあるべき姿だという規範を示すつもりはありません。むしろ、本書をたたき台に、MBA教育のあり方について議論できれば編者としては望外の喜びです。また、これからMBAを目指したい、あるいは経営学という学問の力を職場の問題解決に活かしたい、と考える実務家にも読んでいただきたいと思います。

　本書の論文は建設、病院、農協という3つの業界での事例を扱っています。それ以外の業界の方は、一見、自分の業界とは関係ないか、と感じるかもしれません。しかし、深く読み込めば、本書の論文はいずれも他の多くの業界においても役立つ知見を提示しています。経営学という学問に関わりのなかった方にはちょっと難しいかもしれませんが、学者の論文のように訳のわからないものではありませんのでぜひチャレンジしていただきたいです。

　上述のとおり、これまでの選考委員会では「これだけ素晴らしい論文なのだから、ぜひ本として出版して世に問いたいね」という声が毎年のようにあがっていました。しかし、昨今の出版業界の厳しさにより、それをかなえることはできていませんでした。この度、特定非営利活動法人現代経営学研究所から助成をいただき、神戸大学出版会が出版を引き受けてくださったことで、その思いを実現できました。深くお礼申し上げます。

　それでは、MBA論文が切り開く新たな地平へ、皆様をご案内したいと思います。

2024年12月25日

　　　　　　　　　神戸大学大学院経営学研究科長　　　　　　　　國部　克彦
　　　　　　　　　神戸大学大学院経営学研究科現代経営学専攻長　宮尾　　学

審査講評

　審査は私だけではなく、多様な審査委員で行いました。私の元同僚の石井淳蔵先生、神戸大学 MBA の大先輩である飯田豊彦社長（株式会社飯田）、元神戸大学の准教授であり、その前はプレジデント社という出版社の副編集長をされていた長田貴仁先生で 3 つの論文を読み、順位をつけました。神戸大学 MBA で重視していることは、優れた修士論文を書いてもらうことです。
　金賞の秦さんのテーマは、ご自身の会社での経験である、建設業の人材定着マネジメントです。建設業において、人を定着させるために必要なことについて、試行錯誤されてきた結果を分析されました。実際、それをもとにして、働く人々の心理的な特性をきっちりと書いており、このようなことが必要なのではないかというご提言をされていました。その提言のコンセプトは秦さんの会社だけではなく、多くの企業、とりわけ中小企業に役立つコンセプトになっているのではないかということが評価されました。神戸大学 MBA の修士論文で重視するのは、足元の問題を深く考えていくことです。キーワードは、「井の中の蛙、天を知る」。「井の中の蛙、大海を知らず」ということわざがありますが、井の中の蛙は、他に見るところがないから、井戸の上を毎日眺めているうちに、宇宙の運行の法則を理解できるかもしれない、ということです。別にたくさんの色々な世界を見なくても、自分の足元にある問題を深く考えていけば、経営の本質的な問題についての理解が深まるということは、神戸大学 MBA の修士論文の存在意義の一つです。これを秦さんは非常にうまくされています。
　銀賞を取られた桐島さんは、がんにかかられた高齢者の事例を取り上げられました。今日の医学では、統計的なデータが重視されています。ところが、この論文は、少数の事例を深く考えていくことは統計的なデータよりも、本当の問題を理解する上で重要かもしれないということを身をもって示されたものです。事例研究だけにこだわると、確かにリスクもあります。私自身の経験からすると、私の大学院の博士課程の恩師の奥さんががんになられて、

ある大学附属病院に入院されました。たまたま私の弟がその附属病院の精神科で働いておりました。痛みがひどいので、精神科の医者もチームに入って、その奥さんを助けてほしいということになりました。弟によりますと、精神科の医者がやった事はほとんど効果がなかったそうです。ところが、奥さんがカトリックの信者になられて、洗礼を受けてから痛みが取れ、非常に落ち着いて安らかな死を迎えられた、ということを言っておりました。弟が言っていましたけれども、やはり医療でも信仰には勝てないこともあると。終末期の医療にはやはり未解決の問題がものすごくあります。その中で、患者自身の積極的な関与をうまく引き出す方法を考えることが必要だということが、この論文の鍵です。

　銅賞は、竹村さんの農業協同組合についての研究です。竹村さん自身は、金融機関におられて、農業協同組合の金融事業は本当に今のままでいいのだろうかという問題意識を持たれました。金融事業だけでなく、農業協同組合の事業全般についてきっちりと分析をし、そして農業協同組合のこれからのあり方を探っていくことで、非常に面白い分析をされています。ここでは、データ包絡分析法というユニークな分析手法を使って、農業協同組合の財務データの分析をきっちりされているという意味で非常に高く評価されます。神戸大学MBAではこのように新しい手法をきっちりとマスターして、それを上手く使って新しい発見をしていく研究も、もちろん評価されます。新入生の皆さんも神戸大学MBAで新しい分析手法や分析枠組みを勉強し、自分自身の企業をはじめ、多くの事例に適用する姿勢で勉強を進めていただければと思いますので、これもご参考にしていただければと思います。

　3名の方々、受賞おめでとうございます。

2024年3月30日

加護野忠男論文賞 審査委員長
神戸大学名誉教授

加護野 忠男

目　次

はしがき　　國部 克彦　宮尾 学　　iii

審査講評　　加護野 忠男　　v

第1章　建設業の人材定着マネジメント
〈金賞〉　－建設業特有のものづくりプロセスと離職に関する研究－
秦　真人 ……………………………………………… 1

1. はじめに　2
    1-1. 建設業界の課題とリサーチクエスチョン　2
    1-2. 問題の所在　6
2. 離職と自己／他者の心理的活性化に関する研究の系譜　6
    2-1. リテンション・マネジメントに関する研究　6
    2-2. 自己に対する心理的活性化に関する研究　10
    2-3. 他者に対する心理的活性化に関する研究　14
    2-4. 先行研究を踏まえた本研究の意義　18
    2-5. 先行研究からの示唆と初期仮説　18
    2-6. 研究課題（リサーチクエスチョン：RQ）　19
    2-7. 分析の枠組み　19
3. 離職意思の抑制と人材定着に関する分析方法　20
    3-1. 研究対象　20
    3-2. 分析方法　22
4. 分析結果と考察　24
    4-1. 定性調査（インタビュー調査）の概要・結果　24

4-2. 定量調査（アンケート調査）の概要　54
　　4-3. 更なる定性調査（インタビュー調査②）の概要　77
5. B社の人材定着マネジメントへの適用　79
　　5-1. A社とB社の比較　80
　　5-2. B社のマネジメントへの応用　86
6. 結論とインプリケーション　88
　　6-1. 本研究の結論と考察　88
　　6-2. 理論的インプリケーション　89
　　6-3. 実践的インプリケーション　90
　　6-4. 本研究における限界と残された課題　93

第2章　高齢者のがん医療における便益形成と治療への参加意欲を高める要因に関する研究
〈銀賞〉
－サービスの便益遅延性に着目して－
桐島　寿彦 ……………………………………… 107

1. はじめに　108
　　1-1. 問題の所在　108
　　1-2. 問題意識　110
2. 先行研究の検討　111
　　2-1. サービスについて　112
　　2-2. サービス品質と顧客満足　114
　　2-3. 医療サービスについて　117
　　2-4. 便益遅延型サービスについて　120
　　2-5. 高齢者における医療サービスの問題点　125
3. 調査対象と方法　127
　　3-1. 研究対象者　127
　　3-2. 方法　128

4. 分析結果　130
    4-1. 患者インタビュー　130
    4-2. 患者インタビューによる関係図　132
    4-3. 医療者インタビュー　143
    4-4. 患者と医療者インタビューの関係図　144
5. 考察　149
    5-1. がん医療の患者参加における主観的機能的便益の重要性　150
    5-2. 高齢者の関係性便益、感情的便益　150
    5-3. 高齢者の患者参加における価値観的便益の重要性　155
    5-4. 地域で支える高齢者のがん医療　160
6. 結論　165
7. 実践的インプリケーション　167

第3章　農業協同組合におけるデータ包絡分析法による効率性分析と経営実態に関する研究
〈銅賞〉

竹村　誠 ……………………………………… 173

1. 研究の目的と問題意識、背景　174
    1-1. 研究の目的等　174
    1-2. 本稿の構成　175
2. 農協の概要と現状　175
    2-1. 農協とは　175
    2-2. 農協の事業構造　176
    2-3. 農協の組織構造　177
    2-4. 農協の現状　178
    2-5. 背景　181
    2-6. 先行研究　184
    2-7. 問題意識（リサーチクエスチョン）　185

3. データ包絡分析法（DEA）について　186
　3-1. データ包絡分析法（DEA）の概要　186
　3-2. CCR モデル　187
　3-3. BCC モデル　188
　3-4. データ包絡分析法（DEA）を活用した先行研究　188
4. 分析方法　189
　4-1. データ包絡分析法（DEA）　189
　4-2. インタビュー調査　191
5. 結果と考察　192
　5-1. 農協のデータ包絡分析法（DEA）による結果　192
　5-2. 収入の効率性　194
　5-3. 利益の効率性　196
　5-4. インタビュー調査（収入の効率性の高い農協の経営実態）　200
　5-5. 考察　202
　5-6. インプリケーション　203
6. 結論　204
　6-1. 総括　204
　6-2. 貢献と展望　206

MBA論文賞の役割とは　─加護野先生に聞く─　209

加護野忠男論文賞　受賞論文一覧　220

追悼の辞　228

第 1 章

〈金賞〉

建設業の人材定着マネジメント

―建設業特有のものづくりプロセスと離職に関する研究―

秦　真人

1. はじめに

1-1. 建設業界の課題とリサーチクエスチョン

建設業の課題

　ここ数年、気候変動に伴う災害の頻発化や激甚化により、建設業が社会にとって必要不可欠な存在であるという認知が急速に広がっている。国土交通省（2021）[1]によると、大規模災害が顕著化し始めた 2011 年以降、建設投資は上昇基調で 2011 年の 42 兆円から 2021 年には約 1.5 倍の 63 兆円まで到達している。この傾向は、今後老朽化によるインフラの建て替えや、メンテナンス需要が拡大することで堅調に維持されると予測される。

　建設業の仕事は、地域のインフラを構築し、人々により良い暮らしを提供することである。そして、その安全で快適な暮らしを脅かす災害から人々を守り、社会生活を維持する重要な役割を担っている。そのため、建設業で働く人の多くは、社会貢献につながるものづくりへの誇りや、仕事への強い想いを持っている。しかし近年、仕事に強い想いを持ちながらも、所属企業や業界を離れてしまう人材が見られるようになった。そういった人たちは、所属企業に対して愛着やプライドを持ち、待遇への大きな不満もなく、職場の人間関係も良好であることが多く、一見会社を辞めるようには見えない。それでもある日会社を辞めてしまう人たちを、どうすれば企業にとどめ長期的にパフォーマンスを発揮してもらうことができるのか、その人材マネジメントのあるべき形を明らかにすることがこの研究の目的である。

建設業がつくるもの

　建設物は、アーキテクチャ論[2]の観点から、インテグラル（擦り合わ

---

[1] 国土交通省 不動産・建設経済局（令和 3 年 10 月 15 日）(2021)「最近の建設業を巡る状況について【報告】」
[2] 人工物の機能設計要素と構造設計要素のつなぎ方、あるいは対応関係に関する基本構想のこと（藤本, 2015, 56 頁）。

せ型)³な人工物の代表と言われている（藤本, 2015, 213頁）。建設業がつくるものは、住宅や商業ビル、公共建築物など人間の生活や活動のための場所や空間をつくる「建築物」と、道路やトンネル、ダムなど日常生活や産業活動を支える社会基盤を整備する「土木構造物」に大別される。いずれも単品受注生産でプロジェクトごとに独自のプロセスを踏む点、生み出す製品の機能や構造が他の製品と比較して桁違いに複雑である点、気候や敷地条件など現地現物生産に起因する施工の不確実性が伴う点、顧客が求めるサービスや与条件がそもそも不明瞭である点など、不確定要素の多さが製品特性としてあげられている（藤本, 2015, 39頁）。また、建設物は部分の革新性と全体最適の往復によって、部分の足し算を超えて製品価値が向上する創発的な特性、すなわち創発性を持ち、その創発性が財の長期的な価値に大きな影響を与えるとされる（藤本, 2015, 15頁）（図1）。この不確定要素の多さと創発的な性質こそが、他の製造業と明確に区別される建設業の特性であるといえる。

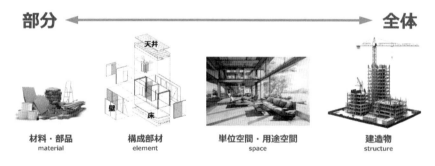

図1：部分と全体を往復する創発的な特性（筆者作成）

建設業のものづくりは、その製品の性質上、必ず複数人が関わる必要があり、個々の技能や知識を集結することで、個人の力では成しえない成果に到達する。その製造プロセスには、細分化された膨大な部分のプロセスが存在

3　設計要素間の関係が複雑で、「①機能要素と構造要素が多対多対応の形で複雑に絡み合っており（Ulrich, 1995）、②構造要素間の相互依存性が高く、③機能要素間の相互依存性が高い」（藤本, 2015, 29頁）アーキテクチャのことを言う。

し、それをいかにコントロールして全体の成果を最大化させるかがプロジェクトの到達点に大きく左右する。そのプロセスにおける創発性こそが、建設ものづくりの大きな特性である。

アーキテクチャによる分類

　藤本・武石・青島（2001）によると、アーキテクチャは「ある人工物システムをうまく機能させるために、それをどんな構成単位に切り分け、それぞれの構成要素にどんな機能を振り分け、構成要素間の相互依存関係が生じるインターフェース部分（つなぎの部分）をどう設計するか、ということに関する基本的な構想」（藤本ほか, 2001, 4頁）と定義される。一般的に、アーキテクチャは構成要素間の相互依存関係のパターンによってモジュラー型とインテグラル型に区分される。モジュラー型は、各部品に非常に独立性の高い機能が与えられており、機能と部品が1対1に近い関係にあるものを示す（藤本ほか, 2001, 5頁；延岡, 2006, 78-82頁）。インテグラル型は、すべての部品が相互に調整しあってトータル・システムとしての力を出し、機能と部品が多対多の関係にあるものを示す。建設物はすべての部品が相互に複雑な調整の上に成り立ったトータル・システムであり、インテグラルな人工物の代表とされる一方で、構成要素に分解していくとモジュラー型に近づく特性を持つ。

　製品製造のプロセスも、アーキテクチャの概念を用いてカテゴライズされる。プロセスにおけるモジュラー型を「リーダーの強いリーダーシップと自己実現意欲のもと、業務を遂行するトップダウン型の業務プロセス」と定義する。リーダーが明確にデザイン・ルール[4]を定めた上で、部分の担当者にそのルールを踏襲させる形式である。モジュラー型プロセスでは、強い強制力が働くことで業務内容や責任範囲は明確になり、業務は効率的に推進される傾向がある。一方、プロセスにおけるインテグラル型を「リーダーの柔軟性と統率力のもと、部分の担当者が主体的に創造的提案を行いながら業務を

---

[4] デザイン・ルールとは、各部分と協調する枠組みをつくるための初期の意思決定、規則のこと（ボールドウィンほか, 2004, 7頁）

遂行するボトムアップ型の業務プロセス」と定義する。リーダーがデザイン・ルールを柔軟に設定し、メンバーの意見を積極的に取り入れながら全体を構築する形式である。インテグラル型プロセスでは、モジュールごとの自由な発想を活用し、その調整を通じて全体のインテグリティ[5]を確保していくため、部分の担当者が全体の質の向上に貢献できる程度が高まり、仕事へのやりがいを感じやすいと考えられる。

建設ものづくりのあるべき姿

　建設業のあるべきものづくりの形は、プロセスの上でいかにインテグラルに組織をマネジメントできるかである。延岡（2006）は、理想的な設計を追求していくためにはインテグラル型のプロセスが適していると述べ、最適な調整を実施することで完璧な統合性を目指すインテグラル型製品の特性を示している（延岡, 2006, 81頁）。藤本（2015）も、建設業の成果物がインテグラルな性質を帯びる限り、そのプロセスも同様にインテグラルであるべきと主張している（藤本, 2015, 260頁）。以上から、建設プロセスのマネジメントにおいては、インテグラルな性質を担保することが重要であり、それが従業員の仕事への強い想いを支える組織につながる可能性が示されている。

ものづくりの創発性

　藤本（2015）は、建設業の特性としてその創発性をあげる。創発性とは、部分の単純な足し算にとどまらない全体の性質のことであり、部分の革新性と機能の全体的な首尾一貫性、その調整・統合が高いレベルで実現していることが、より良いサービスの提供につながると考えられている。これは、インテグラルなものづくりにおける「可能な限り多くの要素を総括的に考え、最高のパフォーマンスを出そうとするインテグラルな考え方」（藤本, 2015, 260頁）の重要性とも合致しており、つくり方そのものが企業ブランドや人材獲得の競争優位につながるため、"いかに上手くつくるか"のマネジメン

5　多様な部分の集合によって全体の品質が最大化された状態と定義する

トが重要となる。特に「設計・施工期間も利用期間も他の建造物よりずっと長い傾向にある建築物の場合は、こうした創発性が財の長期的な価値に与える影響は大きい」(藤本, 2015, 15頁)とされ、いかにその創発性を担保するかがマネジメントを考える上でも重要な視点となる。

1-2. 問題の所在

このような、高度にインテグラルなものづくりという建設業特有のコンテクストに依拠した業界の人材定着に求められるのは、建設業のものづくりプロセスの特徴であるその創発的な性質を考慮し、ものづくりの価値の最大化と連動したマネジメントである。本研究から導き出される含意は、日本の建設業界が抱える人材定着の問題を解決する一助となるだけではなく、創発性を高めてサービスとしての製品の価値向上を考えることで、建設業界をよりよくすることにつながるものである。

2. 離職と自己／他者の心理的活性化に関する研究の系譜

本節では、リテンション・マネジメント、自己に対する心理的活性化、他者に対する心理的活性化に関する先行研究をレビューし、その問題点や残された課題について考察する。

2-1. リテンション・マネジメントに関する研究

リテンションの概念・定義

山本（2009）によると、リテンションとは「従業員を組織内に確保する（引き留める）こと」であり、リテンション・マネジメントとは、「高業績を挙げる従業員が、長期間組織にとどまり、その能力を発揮できるようにす

るための、人的資源管理施策全体」(山本, 2009, 14-15頁) と定義されている。特筆すべきは、リテンションは個々の人的資源管理施策によって実行されるのではなく、人的資源管理施策の固有目的の実現を通して間接的に達成される点である。戦略的な人的資源管理のパラダイムのうち、リテンションに最も関係が深いのが役割外行動を含んだ行動アプローチであり、その成果としてリテンションが達成されるとされている (山本, 2009, 27-28頁)(図2)。加えて、前掲書では従業員は人的資源管理施策を客観的にではなく主観的にとらえるため、それがどのように受け止められるかを考慮することが重要であることが示されている。

図2：行動アプローチ概念図（山本(2009)より筆者作成）

リテンションが組織成果に与える影響

　なぜ組織にとって人材のリテンションが重要なのかは、人材が組織に長期定着するメリットによって説明することができる。リテンションの成果は、自発的退職の少なさによる人材の勤務長期化のメリットとして表れ、主に技能の向上や収入の安定による生活の安定、人間関係の安定によって説明される（山本, 2009, 23-24頁）。組織としては、リテンションの成功により組織に役立つ技能教育に積極的に投資することが可能となり、従業員の能力開発の活性化が期待できる。また、Tsui & Gomez-Mejia（1998）によると、自発的な離職の少なさは、職務と人材をうまく結び付けることができている指標（Tsui & Gomez-Mejia, 1998, pp. 214-217）であり、組織への長期定着は、キャリアプランと組織から与えられる機会を一致させる可能性を高め、労働意欲の向上が期待できる。

　一方で、人材が離職するデメリットとして、山本（2009）は長期的な組織への損失を指摘している。長く勤務している従業員は暗黙のうちに組織特有の知識やノウハウを持つようになるが、それらが喪失することによる組織的

損失や、従業員の補充のための採用や配置転換、新たな教育コストが発生する（山本, 2009, 2頁）。離職する従業員一人当たりの損失額は、業界や仕事内容により様々であるが、数千ドルから給与の2倍以上まで様々な研究が存在する（Hinkin & Tracey, 2000, p. 17）。建設業では、個々の専門性の収斂による統合的なものづくりが求められることから、金銭的な損失以上に知識や技能、ノウハウの損失による組織能力の低下が、組織の長期的な存続に影響を与える可能性が考えられる。

リテンションの規定要因

　リテンション研究の初期においては、仕事への不満が離職を引き起こすと考えられていたが、次第に組織へのコミットメントや職務の代替性など、離職を予想する因子に焦点が当てられていったとされる（Holtom, Mitchell, Lee, & Eberly, 2008, pp. 232-234）。離職の直接的な原因は、職務上の不満よりも、きっかけとなる出来事であることが多いという研究（Holtom, Mitchell, Lee, & Inderrieden, 2005, pp. 338-339）もあり、仕事内容に対する不満を超えた離職の予測因子を特定することは、リテンション研究にとって大きな意義がある。しばしば組織定着の指標として語られる組織コミットメントは、職務満足度よりも離職を予測するという見解もあるが（Griffeth, Hom, & Gaertner, 2000, pp. 480-481）、服部（2020）においては、これらの概念でだけでは離職を十分に説明することは出来ないとされている（服部, 2020, 201頁）。一方で、離職意思は依然として離職の最良の予測因子（Griffeth et al., 2000, pp. 480-481）である。

　組織の観点からは、組織と強い結びつきを感じられるような作業プロセスをつくりあげることの必要性（山本, 2009, 59頁；Yamamoto, 2013, p. 760）や、職務充実を促進する上司から部下への積極的なエンパワーメント（権限移譲）が、リテンション・マネジメント上重要であることが示されている（山本, 2009, 60頁）。また、Griffeth et al（2000）は、グループの結束力や自律性は離職の予測因子となることを示し（Griffeth et al., 2000, pp. 480-481）、Harter, Schmidt, & Hayes（2002）は、ユニットのような小さな単位に集約

された従業員満足とエンゲイジメントは離職と負の相関があるとし、ユニットレベルの離職率はユニットのパフォーマンスと負の関係があるとしている（Harter et al., 2002, p. 279）。知覚的組織支援[6]が離職率に有意な影響を与えるという研究（Maertz, Griffeth, Campbell, & Allen, 2007, p. 1061）からも、組織と比べて範囲の狭い共同体、すなわち「小さな組織」における離職への影響の大きさが説明されている。図3は、チーム中心の組織設計から誘引されたチームワークに対する評価が、リテンションに至る過程で大きな影響を与えることを示している（山本, 2009, 107頁）。この視点は、組織単位のマネジメントには限界があるが、チームによる小単位でのマネジメントには実効性があることを表している。更に、チームにおける他者との同一化は、しばしば類似性の認識やより頻繁なコミュニケーションと関連しており、離職を減少させる可能性が示されている（Mossholder, Settoon, & Henagan, 2005, p. 613）。また、Vandenberghe, Bentein, & Stinglhamber（2004）は、グループの対人関係にかかわる変数が、グループへの愛着を予測する上で重要であると述べ、グループの凝集性[7]による人材定着の可能性を示している（Vandenberghe et al., 2004, p. 50）。

図3：リテンションを仲介した組織業績向上の統合モデル（山本(2009)より筆者作成）

---

6 知覚された組織的支援（POS：Perceived Organization Support）を示す（Maertz, Griffeth, Campbell, & Allen, 2007, p. 1059）。知覚された組織的支援は組織の従業員に対する取り組みや対応への彼ら・彼女らの評価を表す（佐藤, 2014, p.13）。上司が自分の貢献を評価し、自分の幸福を気にかけてくれていると考える従業員は、POSが上昇し、それが離職率の低下と関連していることが指摘されている（Eisenberger, Stinglhamber, Vandenberghe, Sucharski, & Rhoades, 2002, p. 568）。
7 「集団の各人がその集団に魅力を感じて、自発的にそこにとどまろうとする程度」（上田, 2003, 173頁）

リテンション研究の到達点とその限界

　ここまで、リテンション・マネジメントの概念や規定要因について述べたが、重要な点は、リテンションのための施策も従業員から正しく認知されなければその影響は低下するということである。また、人的資源管理戦略と人材定着の仲介要因として重要なのは、従業員の行動に焦点をあてた行動アプローチであり、組織単位でのリテンションに対して、チームのような小さな組織でのリテンション・マネジメントの有効性が示された。

　リテンション研究の限界として、組織的施策によるリテンションへの影響は比較的多く研究されているが、他者への働きかけや心理状態がどのように作用するかは明らかにされていない。また、マクロとミクロの両側面からユニットレベルでの態度や認識を扱った研究はほとんどなく、今後の有望な研究領域であると言える。本研究では、プロジェクトごとにチーム単位での仕事が基本となる建設業を前提とし、他者への働きかけを主とした行動アプローチによるリテンションを主眼として検証を進める。

2-2. 自己に対する心理的活性化に関する研究

仕事に対する強い想い

　本研究では、仕事に対する強い想いに関する多くの概念の中から、仕事そのものと個人の前向きな関係性の強さを表すワーク・エンゲイジメントを取りあげる。

　自己に対する心理的活性化を考えるにあたり、まずは職務に対する考え方の変化を概観する。職務とは「組織内の各職位、あるいは各個人に割り当てられた仕事の総体」（二神，1998，341 頁）であり、組織構成員が職位によって担うべき仕事を示す。その仕事をいかに組織として設計するかを考える指標として、職務設計という概念が生まれた。そして、上田（2003）によると、設計された職務に対してどのように従業員を動機づけるかを考え、個人の心理的満足度を測る指標として職務拡大や職務充実の考え方が強調されるようになり、仕事に対する一般的な態度である職務満足へと理論が深化したとさ

れる（上田, 2003, 105-106 頁）。この流れは、組織に対する帰属意識やコミットメントといった全体主義的な考え方が社会にそぐわなくなった結果、個人の職務に対するかかわり方などの心理的側面を考慮することが必要になった背景があると考えられる。組織や仕事に対するコミットメント[8]は、組織と個人の観点から、積極的な関与の度合いや責任感を表す概念であり、自身の意欲や関心の強さを表すエンゲイジメントとは明確に区別される。エンゲイジしている従業員は、自分の仕事に熱心にかかわっている（Schaufeli et al., 2002, pp. 73-75）とされ、そのかかわり方の強さがすなわち建設業のコンテクストにおける強い想いであると捉えることができる。

ワーク・エンゲイジメントの定義

Schaufeli, Salanova, González-Romá, & Bakker（2002）によると、ワーク・エンゲイジメントとは、活力（vigor）、献身（dedication）、吸収（absorption）を特徴とする前向きで充実した仕事に関する心の状態と定義される。「活力」は仕事中の高いエネルギーと仕事への労力投入の意欲、困難に直面したときの粘り強さ、「献身」は意義、熱意、誇り、挑戦の感覚、「吸収」は自分の仕事に完全に集中し、楽しく没頭していることを表す（Schaufeli et al., 2002, p. 74）。また、エンゲイジメントは特定の対象や出来事、個人や行動に焦点を当てない、持続的で広範な感情・認知状態と定義される（Schaufeli et al., 2002, p. 74）。

エンゲイジメントの考え方の変遷

初期の社会科学では、主として人間のネガティブな心理状態に焦点があてられてきたが、前向きな心理状態を考究する流れからポジティブ心理学が生まれ、その概念の一つとしてエンゲイジメントは位置づけられている。そして、ネガティブな状態を示すバーンアウト（燃え尽き）（Maslach &

---

[8] 参考：組織コミットメント「自分の仕事ではなく自分の属する組織をあたかも自分と同一視し、組織目的を自分の目的と同化する意識を持ったり、その意識の下で行動すること」（上田, 2003, 56 頁）

Schaufeli, 2001, p. 401-403) と対置される概念として、Kahn（1990）によって体系化されたのが自身と仕事の同一化を意味するワーク・エンゲイジメントである。エンゲイジしている従業員は、自身と仕事を同一化し、それゆえ仕事に多大な労力を注ぐ（Bakker & Leiter, 2010, p. 12, 翻訳24頁）。また、Demerouti et al.（2001）は、仕事の要求度－資源モデル（JD-Rモデル）を提唱し、仕事の属性やその他の関連する労働条件の大部分を要求と資源というカテゴリーで整理した（Demerouti et al., 2001, pp. 501-502）。図4は仕事の資源と要求によるワーク・エンゲイジメントと離職意図への作用を示している（Schaufeli & Bakker, 2004, pp. 304-308）。

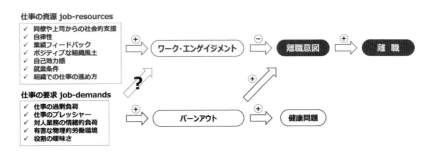

図4：ワーク・エンゲイジメントの規定要因
（Schaufeli & Bakker, 2004 より筆者作成）

建設業のコンテクストにおいては、自律性や自己効力感が仕事の資源の中でもワーク・エンゲイジメントに強く作用する重要な指標となることが予想される。一方で、仕事の過剰負荷やプレッシャー、役割の曖昧さがバーンアウトにつながりやすいと考えられる。このモデルからは、仕事への強い想いの弊害として発生する欲求の過剰さや、インテグラル型のプロセスに起因する役割の曖昧さなどが、ワーク・エンゲイジメントに負の影響を与える可能性が示されている。

エンゲイジメントが組織成果に与える影響
ワーク・エンゲイジメントが高い従業員は、役割外行動（後述）などのパ

フォーマンスが高く、組織に間接的に好影響を与える行動をとる傾向がある（Bakker & Leiter, 2010, p. 3-5, 翻訳 7-9 頁）。一方で、仕事にエンゲイジしているが、ワーカホリックであるという両側面を備える場合もあり、この場合は仕事に惹きつけられてはいるが脅迫的な内的衝動を持ち、組織への人材定着にはマイナスの影響を与える可能性が示されている（Schaufeli & Bakker, 2004, pp. 294-297）。ただし、脅迫的動因はエンゲイジしている従業員には存在しないという研究（Bakker & Leiter, 2010, pp. 41-43, 翻訳 84-87 頁）もあり、統一した見解は明らかになっていない。加えて、Bakker & Leiter（2010）は過度のエンゲイジメントが組織にマイナスの結果を招く可能性を指摘しており、熱心さといったポジティブな感情が時間の変化とともにネガティブな感情に変化する懸念や、周囲の人間に悪影響を及ぼすことを示唆している（Bakker & Leiter, 2010, pp. 190-191, 翻訳 390-391 頁）。高いエンゲイジメントが組織に悪影響を及ぼすことを主張する研究は他にもあり、Truss et al.（2013）によると、エンゲイジメントが常に従業員にプラスの影響を与えるかどうかは疑問視され、ワークライフバランスを損なう可能性など、必ずしも一様に有益ではないことが示されている（Truss et al., 2013, p. 2660）。建設業においても、前向きな内的衝動と脅迫的な内的衝動を明確に区別するのは難しい。前向きな挑戦であっても、そこには工期や顧客・社会への責任などの重圧は常に内在している。一方で、強迫的に働くワーカホリックな従業員も状況が整えばワーク・エンゲイジメントに変わる可能性も示唆されており、その二面性をどうコントロールするかが重要な観点となる。

エンゲイジメント研究の到達点とその限界

エンゲイジメントは利用できる仕事の資源によって予測され、離職意思の低下に正の影響を与える。多くの場合、エンゲイジメントは企業活動に良好な影響を与えるが、過度のエンゲイジメントが組織にマイナスの結果を招く可能性も示された。その言説のとおり、建設業ではエンゲイジメントの高さが離職につながるケースも見られる。また、チームのワーク・エンゲイジメントが個々の構成員のエンゲイジメントに関連する（Holtom et al., 2008, pp. 252-254）ことがある程度明らかにされているが、チーム単位でのエンゲイジメントに関する研究は未だ発展途上である。

自己に対する心理的活性化のまとめ

　以上のレビューから、自己に対する心理的活性化、すなわちワーク・エンゲイジメントの高さは思考の柔軟性や創造性を促進する一方で、過度のエンゲイジによる組織への負の影響が示された。ワーク・エンゲイジメントと離職意思の関係は十分に明らかにされていないが、自己への心理的活性化を強めるだけでは、他者とのかかわり合いが重要な建設業においては有益な状態であるとは言えない。そこで、外へ意識を向けること、すなわち他者に対する心理的活性化も同時に高めることが、建設業のインテグラルなものづくりにおける創発性を補い、組織の人材定着につながるのではないかという初期仮説を持って先行研究レビューを進めていく（図5）。

図5：初期仮説（筆者作成）

2-3. 他者に対する心理的活性化に関する研究

　建設業において必須となるプロジェクト単位のチームでは、自己に対する心理的活性化だけでは成果を最大化できないであろうことは容易に推察できる。そこで、自己と対置される概念となる、他者に対する心理的活性化に関する先行研究レビューを行い、仕事への強い想いを補完する概念について探索する。

他者に対する心理的活性化

　組織の存続に必要不可欠な行動として、組織への参加、役割内行動、役割外行動があげられている（鈴木・服部, 2019, 217-220 頁）。組織への参加や役割内行動が組織に対して果たすべき責任行動であるとすると、役割外行動は業務として規定されない自発的な奉仕行動である。役割外行動は、特定の誰かに強要するのが難しいにもかかわらず、組織にとって極めて重要な行動（服部, 2020, 214 頁）であり、組織成員が革新的かつ自発的な行動を起こすこと（田中, 2001, 4 頁）として規定され、組織運営にとって欠くことのできない（が強制することもできない）行動であるとされる。そのような行動は、同僚への思いやりなど他者への心理的活性化によって実行され、特に建設業のコンテクストにおいては、プロジェクトチームが円滑に運営され、製品のインテグリティを高めるためにはなくてはならない行動の一つであると考えられる。

役割外行動に類する概念

　役割外行動に関連する概念として、その代表的なものが Organ（1988）によって概念化された組織市民行動である。組織市民行動は、自由裁量的で、公式的な報酬で評価されるものではないが、それが集積することで組織の機能を促進する自発的行動（Moorman, 1991, p. 845）と定義され、評価や報酬に関わらない他者に対する配慮行動であると言える。上田（2003）は、多くの従業員が組織市民行動を行うことが組織の有効性に影響を与えることを強調している（上田, 2003, 268 頁）。

　類似概念として、向社会的組織行動、組織的自発性、プロアクティブ行動、文脈的パフォーマンスがあげられ、組織市民行動との差異の観点から以下のように整理する。田中（2001）によると、向社会的組織行動は、組織の利益にならない組織活動の阻害行動も含まれる。組織的自発性は動機については考慮されず、組織にとって有益であることのみが対象となり、金銭的に報われる行動も含まれている。プロアクティブ行動は、将来を見越して変化をもたらす目的で起こした主体的な統制的行動と定義され、これから生じる

事態に積極的に対応しようとする明確な意図を含んでいる（田中, 2001, 3-4頁）。文脈的パフォーマンスは、従業員の任意の行動であることを前提とせず、代価に対する規定もない（田中, 2004, 29頁；田中, 2012, 16頁；古川ほか, 2010, 131-132頁）。文脈的パフォーマンスのように「チームの同僚やチーム全体の成果向上に寄与する協力行動」（古川ほか, 2010, 132頁）は組織が創造性を生み出す源泉であるとされ、特に業務の効率化につながるアドバイスや創造的な提案など、同僚やチームを介して間接的に成果を向上させる重要性が指摘されている。この視点はインテグラルな製品をつくる建設業の職務特性の観点から極めて重要な視座であり、他者を思いやる自発的な支援行動を表す概念として組織市民行動と文脈的パフォーマンスに焦点をあてる。

組織市民行動の定義

　Organ, Podsakoff, & MacKenzie（2006）によると、組織市民行動は「自由裁量的で、公式的な報酬体系では直接的ないし明示的には認識されないものであるが、それが集積することで組織の効率的及び有機的機能を促進する個人的行動」（Organ et al., 2006, p.8, 翻訳9頁）と定義され、組織内の他者の組織市民行動を促すとされている。加えて、仕事価値観の共有という重要な付加価値を提供してくれることが示されている（上田, 2003, 268-269頁）。更に、組織市民行動の多さは、自分がある組織の一員であることによって生じる自分の価値評価（OBSE：組織基盤の自己価値[9]）の高さで規定され、組織への帰属意識が高い人間は、組織市民行動に積極的に従事することが示されている（上田, 2003, 33-35頁）。

組織市民行動が組織成果に与える影響

　組織市民行動を積極的に行う従業員は、一般に離職意思が低下するという先行研究も存在するが（Chen, Hui, & Sego, 1998, pp. 927-929）、ハッピーワー

9　「特定の状況を前提としない自分の価値ではなく、自分がある組織の一員であることに伴って生じる自分の価値を評価したもの」（上田, 2003, 34頁）

カー仮説のように、他者への配慮の意欲が高いことがすなわち組織への定着意思につながるとは考えにくい。実際に組織市民行動を積極的に行う従業員の離職もみられるため、そのような因果関係があると考える妥当性は低いと言える。一方で、組織市民行動に伴う凝集性の向上により、組織への定着率が向上することが指摘されており（柴田・上林, 2019, 9頁）、組織市民行動そのものではなく、そこから誘引されるなんらかの事象により、組織への定着率が向上するという言説は、本研究における注目すべき視座である。

組織市民行動が推進される要因

　組織市民行動が推進される要因として、組織コミットメントや従業員へのエンパワーメントがあげられている。組織コミットメントが高い人間は、組織市民行動に積極的に従事する（上田, 2003, 55-56頁）とされており、Alge, Ballinger, Tangirala, & Oakley（2006）によると、従業員へのエンパワーメントが高まると、個人でも職場全体でも組織市民行動がより多く行われることが実証されている（Alge et al., 2006, p. 9）。また、ワーク・エンゲイジメントと同様に、チームの支援を知覚することが組織市民行動を推進すると言われており、個人の仕事の領域拡大にもつながることが広く示されている（Bishop & Scott, 2000, pp. 448-449; Podsakoff et al., 2000, pp. 543-546）。前掲書では、個人がチームのメンバーから助けを受けていると、当人もチームの同僚に対して援助行動を行う傾向があり、メンバー相互間の関係性が組織に良好な影響を与えることが示されている。

組織市民行動研究の到達点とその限界

　組織市民行動は集合的に組織の業績に良好な影響を与えることが示されており、個人や組織での組織市民行動の促進要因は比較的明確である。しかし、人材定着に関連する実証的な研究は少なく、その影響度の大きさについては様々な結論が存在する。一方で、組織市民行動によって起こる現象やその結果によって人材定着を説明できる可能性が示されている。

他者に対する心理的活性化のまとめ

　以上のレビューから、組織市民行動によって起こる事象やその結果によって人材定着を説明できる可能性が示された。建設業のコンテクストでは、ものづくりの不確実性が他者への配慮行動を阻害している可能性も示唆されており、同僚やチームを介して間接的に成果を向上させる行動に着目することが本研究において重要な視座となることが示された。

2-4. 先行研究を踏まえた本研究の意義

　以上の先行研究を踏まえた本研究の意義は以下の3点である。
　1点目は、一般にワーク・エンゲイジメントが高い従業員は離職意思が低いと考えられているが、建設業では高いエンゲイジメントによる離職も発生しており、先行研究で規定されない性質を明らかにしようという点である。2点目は、自己と他者に対する心理的活性化という対置される二つの側面から、建設業の特性に合致した人材定着マネジメントの体系を明確化しようという点である。3点目は、その離職要因に対して、建設業の創発的なものづくりの視点から人材定着マネジメントの課題にアプローチしようという点である。

2-5. 先行研究からの示唆と初期仮説

　建設業のコンテクストに合致したリテンション要因は未だ明らかにされていないが、行動アプローチの重要性とチームメンバーの関係性によるリテンションへの正の影響が示されており、本研究における重要な視座となることを示した。また、他者とのかかわり合いが創発性を生み出す建設業においては、偏ったエンゲイジメントは有効な心理状態であるとは言えず、他者に対する心理的活性化を強め、インテグラルなものづくりにおける創発性を補完することが組織への帰属意識を高めるという初期仮説が構築された。

2-6. 研究課題（リサーチクエスチョン：RQ）

　これまでの検証内容を踏まえて、本研究の研究課題を以下のように設定する。
RQ1　建設業において、仕事に対して強い想いがある人材が離職を選択するのはなぜか
RQ2　建設業の職務特性において、離職意思を抑制する要因は何か
RQ3　離職意思を抑制するためには、組織はどのような働きかけを行う必要があるか

2-7. 分析の枠組み

　先行研究から、自己に対する心理的活性化だけでは個人の成果指向が最大化され、偏ったエンゲイジメントから離職意思の向上につながることが示された（図6）。あるべきものづくりの流れは、自己に対する心理的活性化に対して、仕事の成果につながる他者とのかかわり合いが媒介することで、全体の成果の最大化につなげることである。その結果、チームへの帰属意識が生まれ、組織への定着につながるという分析枠組みを設定した（図7）。

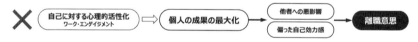

図6：エンゲイジメントが悪影響を及ぼしている状態（筆者作成）

図7：初期仮説としての分析の大まかな枠組み（筆者作成）

3. 離職意思の抑制と人材定着に関する分析方法

3-1. 研究対象

研究対象とする職能

　本研究の研究対象は、総合建設業における建築設計職並びに施工管理職とする。総合建設業とは、建築または土木工事を発注者から一括して請け負い、工事全体の取りまとめを行う建設会社を示す。建設業のものづくりは、幅広い専門領域の職能とサプライチェーンによって構成され、それぞれの領域のスペシャリストが専門性を発揮することで、成果物となる建設物[10]がつくられる。本研究では、総合建設業において最終成果となる建設物の品質[11]に直接的な責任を負い、また企業の売上や企業ブランドの構築に強い影響を与える建築設計職並びに施工管理職を対象とする。建築設計職はプロジェクトの川上において「どのような建設物をつくるのか」を決定し、施工管理職は川下において実際にその建物を実現させる役割を果たす（図8）。それぞれが相補的な関係で製品の品質を担保しており（図9）、重点的に組織への定着を促進する必要性は高い。

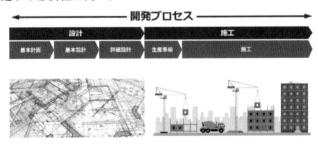

図8：開発プロセスにおける設計と施工の流れ（筆者作成）

10　建築物（建築基準法第二条における土地に定着する工作物のうち、屋根および柱若しくは壁を有するもの）ならびに土木工作物（人為的な労作を加えることによって通常、土地に固定された物）

11　ここでは要求性能や機能、デザインなどを含めた広い意味でのアウトプットを「品質」と定義する。

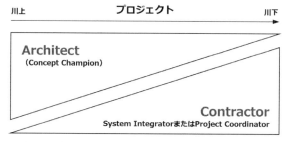

図9：建築設計と施工管理の相補的役割の概念図
（藤本, 2015, 461頁を参考に筆者作成）

調査対象企業

　調査対象企業は、総合建設業として大手建設会社に分類されるA社と、中小建設会社に分類される自社B社とする。業界のトップランナーであるA社で起きている問題を、建設業界全体の課題と捉え、B社のマネジメントへの適用可能性を検証する。

　A社は、国内に本社を置く総合建設会社で、国内外に建築を中心とした事業を展開している。ものづくりに対する強いこだわりと、その生み出す作品の品質が高く評価されており、明確に差別化されたその企業ブランドから、ものづくりに強い想いを持つ人材が多い点が特徴である。B社は地方で総合建設業を営む老舗企業で、中規模ながら創業以来県内の主要な建築・土木建設工事を歴任し、国土交通省工事成績優秀企業に選ばれるなど、ものづくりの品質やこだわりが高く評価されている。

2社の人材定着状況の概要と比較の位置づけ

　3年離職率の低さで業界トップクラスのA社であるが、近年離職する中堅社員が増加し、国内開発プロジェクトの盛況に反して人材流出に苦慮している現状がある。B社においても、若手職員の離職率の低さは県内トップクラスであるが、業界全体の人材獲得の状況は厳しく、人材定着マネジメントの強化が喫緊に求められている。

　A社は、大学で建設業の専門教育を受け、建設に対する強い意欲を持っ

て入社する従業員が多く、本研究で対象とする職務特性を反映している点が調査対象として適当であると言える。人材流出が始まっているA社のケースから見出した人材定着施策を、大企業と中小企業のコンテクストの差を勘案しながら、リテンション・マネジメントとしてB社に適用することを目的とする。

3-2. 分析方法

本研究では、まず定性調査（半構造化インタビュー①による質的研究）から分析フレームワークと仮説の導出を行い、離職要因の整理を行った。次に、分析フレームワークを基に定量調査（アンケート調査）を実施し、定量データによる統計的な仮説検証を行った。そして、定量調査から導き出した結果に対して更なる定性調査（半構造化インタビュー②）を実施し結論を導いている。

定性調査（半構造化インタビュー①による質的研究）のデザイン
　リサーチクエスション（以下RQ）1の検証、並びに分析フレームワーク構築を目的として半構造化インタビュー①による質的研究を実施した。
　インタビュー対象として、A社従業員の中から、すでに会社を離職している離職者8名、事前のアンケート調査で離職意思が高かった5名、同じく離職意思が低かった4名を選定した。選定においては、リアリティショック[12]に起因するバイアスを避けるため、勤続年数1～2年の従業員は対象から除外し、組織のコア年代となる勤続5～20年の従業員の中から可能な限り対象者の属性が分散するように留意した。

12　事前の予期的社会化によって形成される高い期待と、実際の組織生活の中で知り得た現実とのギャップによって起こる落胆や衝撃のこと（鈴木・服部, 2019, 101～102頁）。予期的社会化とは、会社組織に入る前に個人が意識的・無意識的にその組織に関する情報を摂取することを言う（鈴木・服部, 2019, 101頁）。

インタビュー調査は、2023年6月7日から6月19日の間に実施した。インタビュー時間は一人当たり45〜60分とし、質問項目は事前に質問票を用意するが、インタビューの内容によって柔軟に質問内容を変化させる半構造化インタビュー形式で行った。インタビューはリモートまたは対面で実施し、内容を録音の上、インタビュー対象者に随時見える形でメモを残し、発言の理解に齟齬が無いよう留意した。
　本調査における質問項目は以下のとおりである。

表1：インタビュー調査質問項目

概念	質問事項
職務特性	建設業界に所属している主な理由・この業界ならではと感じる（他の業界にはない）仕事のやりがいを教えてください。
	建設業界について、他の業種と比較して良いと感じている部分と悪いと感じている部分を教えてください。
帰属意識	所属企業と所属業界のどちらに帰属意識や愛着を感じていますか？
	組織への帰属意識について教えてください。
	今の所属組織においてどの階層の集団（例：会社・部門・チーム・同僚など）に対して最も強い結びつきを感じていますか？また、その理由はなぜですか？
	建設業の従事者は他の仕事よりも仕事への思いが強いと感じることはありますか？それはどのような部分に感じますか（感じませんか）？
離職意思	今の会社や業界に留まる動機となっている要因を教えてください。
	上記に関して、どのような要因が強まるとそれが阻害されると思いますか？
	ご自身は過去に離職を考えたことがありますか？
	離職を踏みとどまった（踏みとどまっている）主な要因、または離職を決意した際の主な要因を教えてください。
	今の建設業における離職の主な要因はどのようなものだと考えますか？自身の周辺で離職をする人にはどのような特性があると感じますか？（個人的な印象で問題ありません）
チーム	現在の自身の役割に満足していますか？どうすれば満足できると感じますか？
	チームでものをつくっているという意識はありますか？どういったときにそれを強く感じますか？
	仕事の成果において、「チームの力」は重要であると感じますか？仕事におけるチームについて、感じることを教えてください。（過去にチームに助けられた経験や、チームの良いと感じる部分）
	チームでのものづくりという認識はいつ生まれましたか（入社何年目）？
	チームでのものづくりによって成果が向上するという認識はありますか？
	チームであげた成果を自身の成果と感じることができるようになったのはいつ頃からですか？
	チームでプロジェクトを遂行する際、どうすればチームメンバーの全員がその成果を実感できるようになると考えられますか？
自己効力感	仕事に対する「貢献」について詳しく教えてください。
	あなたの仕事への貢献度は、どのような対象に対して、どのような成果・行動を取った時に強く実感されますか？
	過去に仕事や会社に貢献できたと感じたエピソードを教えてください。
	建設業の特性として、成果（建造物）の規模が大きく、キャリアを積まないと成果を実感しにくいと考えています。キャリアの序盤から、職務の満足感や自己肯定感を高めるためにはどのような手法があると考えますか？

インテグリティ	「自己実現（≒自身のこだわり）」と「仕事の成果」のどちらに強い意義を感じていますか？（自己実現は自身の欲求の最大化、仕事の成果はチーム全体での成果の最大化と定義します） 成果に自身の個性（又は作家性）が発揮されることにはやりがいを感じますか？ 上司からのトップダウンが強く、指示された業務内容に対して提案の余地が少ないプロジェクトに参加したことはありますか？その際に感じたことを教えてください。 （施工管理系）施工管理において、独創性や個性を感じることはありますか？ （施工管理系）そういった独創性や個性についてどう評価しますか？ （施工管理系）設計者は結果となる建物に対して、自身の関わった影響力（作家性）を発揮したいと考えるが、施工管理者はそのプロセス（ものづくりの過程）においてどういった影響力を発揮したいと考えるのか？

定量調査（アンケート調査）のデザイン

　アンケート調査は、主にRQ2・3の検証を目的として実施した。アンケートの質問項目は、インタビュー調査から構築した分析フレームワークをもとに構成し、想定した概念に類似する先行研究の尺度を活用したオリジナルの尺度を作成した。アンケート質問項目は66問、平均回答時間は9分程度であった。調査は2023年7月8日〜7月18日にかけて実施し、機縁法を用いたアンケート対象にアンケートフォームのURLをメールに添付して配布し、回答してもらった。有効回答数は91名であった。

　この調査の目的は、インタビュー調査で示された成果に直結する創発行動がどのように引き起こされ、組織や個人にどのような影響を及ぼすのかを明らかにすることである。そこで、インタビュー調査から導き出した分析フレームワークをもとに仮説を設定し、統計的分析によってその妥当性を検証する方針とした。統計的分析では、インタビュー内容の分析と探索的因子分析により合成変数を特定し、特定した合成変数の信頼性分析を行った上で、重回帰分析を行い概念ごとの影響を確認するという手順を踏んだ。また、分析により生まれた新たな視座に対して、前述の統計的分析を再度実施して考察を深化し、最後にインタビュー調査を行った上で最終的な結論を導いている。

4. 分析結果と考察

4-1. 定性調査（インタビュー調査）の概要・結果

本節では、A社へのインタビュー調査の概要とその分析結果を示し、結論から導き出される分析フレームワークを提示する。

インタビュー調査の概要

インタビュー対象者は以下のとおりである。

表2：インタビュー対象者一覧

グループ	ID	年齢層	職種	経歴
離職者	A	30代	建築設計	在職時に長期の大規模プロジェクトを経験
	B	30代	建築設計	在職時に中規模プロジェクトを経験
	C	30代	建築設計	在職時に小〜中規模物件を多数経験
	D	30代	建築設計	在職時に中〜大規模プロジェクトを経験
	E	30代	施工管理	在職時に大規模プロジェクトを経験
	F	30代	施工管理	在職時に中規模プロジェクトを経験
	G	30代	建築設計	在職時に長期の大規模プロジェクトを経験
	H	30代	研究職	在職時に大規模プロジェクトを経験
離職意思が低い	I	40代	建築設計	大規模プロジェクトを歴任し社内における高い評価を獲得
	J	30代	建築設計	中〜大規模プロジェクトを歴任し社内における高い評価を獲得
	K	20代	建築設計	小〜中規模物件を複数経験
	L	30代	建築設計	大規模開発プロジェクトを複数経験
離職意思が高い	M	30代	建築設計	長期の大規模プロジェクトを経験
	N	30代	建築設計	長期の大規模プロジェクトを経験
	O	30代	建築設計	中〜大規模プロジェクトを経験
	P	30代	施工管理	長期の大規模プロジェクトを複数経験
	Q	30代	施工管理	長期の大規模プロジェクトを複数経験

質問項目は表1に記載のとおり、建設業を選んだ動機、A社への帰属意識や仕事への想い、離職に至った経緯、協創することへの意識、自身の仕事の専門性、建設業における部分と全体の考え方など6項目についての質問を設定した。対象の離職意思の高さについては、事前のアンケート調査によってその程度を確認した上でグルーピングを行った。なお、H氏は今回研究対象職能ではないが、対象職種との比較検討を目的としてインタビューを実施している。

離職意思が低い従業員への質問内容は共通であるが、特にA社で働き続けたいと考えている理由や、どのような要因が強まると離職意思が高まるかを重点的にインタビューしている。離職意思が高い従業員への質問内容は共通であるが、特にA社を離職したいと考えている理由や、どのような要因

が強まると離職意思が低下するかを重点的にインタビューしている。以下に、インタビューの具体的な内容について説明する。

ものづくりの動機と建設業の仕事の特性
(1) ものづくりの動機
　前項までに述べた仕事に対する強い想いは、インタビューでは特にものづくりに対する高い意欲として語られ、インタビュー対象者はA社入社時点から総じて高い意欲を保持していることが示された。以下、太字はインタビューの原文を示し、文中の（　）は筆者による補足説明、末尾の（　）内はインタビュー対象者IDを表す。

> ▶街並みや都市が好きで、長い時間をかけて段々と出来上がっていくものが好きです。人々の営みがあっての建築ではありますけど、それが形として結晶化されている点に興味があるのかなと思います。(B)

> ▶ものづくりという自分の好きなことが仕事になっているところが建設業界のいいところかな。自分の趣味の延長として仕事をやってる感じがする。それに対しては強い思い入れがあると思う。(C)

> ▶たくさんの人が使う、生きていく上でなくてはならないものを作ってるっていう自己満足とか、優越感があるかな。すごく大事な仕事だと思ってる。(P)

　インタビュー対象者の言葉からは、建設業がつくりだすものの社会的な意義やその重要性が語られ、好きなことを仕事にしているという意識が強く、仕事と自己が同一化している状態が体現されている。この内容は、インタビュー対象者の離職経験や離職意思などのコンテクストには左右されず、同様の傾向がみられた。

(2) 建設業の仕事の面白さ

　建設業に対する強い想いは、その内的動機づけにつながる要因の一つとして、仕事の面白さとして語られることが多い。一品受注生産で多くの人がかかわり合いながら一つのものをつくり上げていくプロセスへの魅力が特に強く、人とのかかわり合いの中で成果が向上していくことはもとより、自身の領域が広がっていくことへの充足感も高い。建設プロセスは、その不確実性によるマイナス面が指摘される一方で、それが仕事の面白さや創発性につながっている二面性が表れていると言える。

> ▶一人ではできないものを作ることができるのが建設業のすごいとこだね。もちろん大変なことは多いけど、パズルみたいに色んな人とかかわりながらものづくりができるのが楽しいのと、できた時の快感がすごい。(E)

> ▶仕事の面白さは、常に答えのない中での一品生産の楽しさかな。例えるなら大人のプラモデルみたいな感じ。パズルを組み立てるように最適解を探していくプロセスが楽しくて飽きない。(I)

> ▶現場があるというのが面白い。自分で線を描いたものが立ち上がっていく時、現場の人と一緒にワーワー言いながらものづくりに関わっているという実感がある。一人ではできない楽しさがあって、ものをつくっている時の文化祭のような高揚感が良い。自分の領域を超えて広がっていく感覚がなんせ良い。(J)

> ▶自分で考えたものが形になって、一人では到底できない規模のものができることが建設業の魅力。(M)

　建設業では、建設物を複数人でつくるプロセスの中で人とかかわり合い、自身の領域を広げていくことができる。また、担当者の人間性や性格といっ

たものまでその仕事に現れてくるため、建設物に自身を重ね、自己との同一化を感じているケースが見られる。とりわけインタビューでは、人とのかかわり合いが多く語られており、建設業の創発的なプロセスに対して前向きな見方がなされている。一方で、自身の裁量ひとつで良くも悪くもなるという部分と全体の特性も現れており、時として組織やチームではなく個人の満足が重視されるケースも垣間見えた。

（3）建設業の仕事の難しさ

仕事の面白さと同時に、不確定要素が多い業務の難易度の高さが指摘されている。建設業では知識の習得に時間がかかり、仕事の全体感を理解するまでに相応のキャリアを要する。その習得にかかるプロセスの長大さが、従業員の意欲を低下させている面もインタビューでは指摘されている。強い想いがあっても、想いを実現するまでのステップが長大に過ぎ、簡単に仕事の満足感が得られない。また、若手とベテランの知識の非対称性が大きく、若手の教育に対して旧態依然とした一方的なやり方が残っていることが、人材定着の面でも大きな課題となっていることがうかがえる。

▶お前は何がやりたいのか、という想いをよく聞かれるが「やりたい」があっても簡単にできないのが建築。やりたいことがあっても、それを実現するためのステップがめちゃくちゃ多い。建築は複雑すぎる。（A）

▶チームでのものづくりは楽しかったし辛かった。建築って担当者として知らないといけないことが多すぎて、知らないというだけで土俵に立てないことがある。なんでこんな納まりも知らないんだ、という話がよくあって。まずその知識不足を突破しないといけない、話にならないというのが結構しんどい。（D）

▶建築の難しさというか到達点が遠いのは、不確実性の多さかなと思う。

不確実性に常にアドホックに対応していかないといけないし、いちいち教えてもらえない。(D)

▶若い時はある程度レールを敷いてあげないと厳しい。ある程度押し付けてもらった方がいい部分もある。いきなり裁量を与えられても途方に暮れてしまいますよね。(A)

▶建設業においては、特に若い人の離職などを考えた時は、そのプロセスこそが重要であるはず。世間が結果でしか評価しないことで、プロセスの重要性があまり語られないのが建設業の特性でありよくないところなのかもしれない。結果評価にかなり偏重していると思う。(L)

建設業の特性として、仕事を進めていくために必要な知識量が膨大なため、若手では権限を委譲されても上手くいかないことも多く、仕事の成果や個人の満足感に直結しにくい。また、知識の格差に起因するトップダウンが意欲の低下につながっており、若手はチームの頭数としてカウントされない風潮や、下積みの期間があまりに長すぎることが自己効力感の低下につながっている。仕事に対して同一化している人材ほど、仕事を否定されると自身を否定されたように感じるため、特にキャリア初期の仕事へのかかわり方は人材定着の面でも大きな障壁となっている可能性がある。

▶建築には仕事という観点と個もしくは人間という観点があると思っていて、設計を否定されると自分を否定される気がする。それは多分自身の内面的な部分が建築に現れてしまうからですね。(N)

▶建築は作った人の性格が出るのが面白いところかもしれない。設計もそうだし、施工に関しても作り手の個性が結構見える。だから自分の仕事を否定されると自分自身を否定されたような気分になる。(C)

> ▶建物を通して自身の評価をされているように感じる。建物を褒められると自分を褒められたように感じて嬉しい。逆もまた然りだけど。(P)

　以上から、仕事が上手くいくことが自身の肯定感を高め、仕事の成果や特にそのプロセスへのかかわり方が、本人の心理状態に大きな影響を与えることが理解できる。また、その傾向は、仕事への想いが強いほど顕著に表れる。更に、建設業界の特徴として、結果評価に偏重することでプロセスが過少に評価される傾向があり、それが個人の仕事への想いに対して悪影響を及ぼしている可能性も否定できない。

(4) A社のものづくりの特徴

　A社は、ものづくりに対するこだわりが非常に強く、建物の品質や革新性に対する妥協のない姿勢は業界内外で高く評価されている。顧客ニーズの観点からも、作品性を重視する顧客から選ばれるブランド力を持った企業である。そのため、従業員の入社の動機としてものづくりに対する想い入れが語られることが多く、入社時点で「仕事に対する強い想い」は形成されているケースが多い。

> ▶A社の人はものづくりの意識の前提が違う。A社にいる時から思ってたけど、離職してからの、特に地元の工務店の人たちと一緒に仕事をしていて意識の違いをすごい感じた。A社の人たちは、ものづくりに対する最低限の意識をみんなが持っている。(D)

> ▶みんなでわいわいやりながらものをつくることができるからA社に来た。実際にものをつくる人との近さ、一緒に作れるということがA社のいいところ。A社の人は純粋にものの良さにコミットできる人が多い。若い人の意見も良いものができるのであれば採用する懐の広さがあると思う。現場の人が、お金がかかっても文句言いながらやってくれるのはそういうところ。ものがよければ結局OK。(J)

▶ A社の意識の高さは環境だと思う。それが当たり前だと思ったらそうなる。周りの会社とは当たり前のレベルが全然違う。みんながちょっとずつでもとにかく良くしようと常に考えている。その理由は、そうすることで最終的にものが良くなることが分かっているから。(J)

▶ 他社では経済性や効率性が優先されて、つくる部分が優先されてしまうことが多いけど、A社では社内全体としてものの価値というか、良い建物の価値みたいな漠然としたものにすごく理解があって、それをみんなで実現してやろうと会社が考えている感じはよかったと思う。そのへんがA社のいいところだと今でも思う。(G)

▶ 他社は判断が事業性に偏る傾向があるけど、A社は比較的自由な発想で考えられるのがいいところ。リクルートでもその辺をアピールしている。(L)

▶ 一緒に仕事をする協力会社の人たちもものづくりが大好きな人が多く、人間臭い感じがある。協力会社さんと打ち合わせをしていても、新しいものをつくろうという時はみんな嬉しそうにやってくれることが多い。良いものに理解のある人が社内外にとても多くて、そうじゃない人は残っていかないのかもしれない。(C)

　A社は、業界内でもものづくりに対する妥協のない姿勢は一目置かれており、その思想はサプライチェーンを構成する協力会社にも浸透している。顧客視点でも、品質や革新性において選ばれる企業であり、従業員もそれを強く認識し、自負を持っている。一方で、ものづくりに対する社内外のプレッシャーは強い。

▶ 会社での自分の存在意義への強迫観念はあるかもしれない、アイデアを出し続けること、新しいものを生み出すことが自身の価値でもあるので、出せないと価値がないように感じてしまうことがある。(L)

▶常に何かに追われている感じがあった。成果も出していて評価されていたと思うけど、解決すべき課題とか新しいものを生み出すことに対して、常に全力で結果を出していかないと生き残れないという焦りがあった。(G)

▶発想という餌をばらまいて新しい工法・技術をやり遂げる優秀な上司がいた。良いものができるので協力会社の人もやる気は上がるが、でも人に求めるものが厳しすぎるため、下の人は大変な思いをする。(Q)

▶おじさんたちが楽しそうじゃなくて、みんな眉間にしわを寄せて仕事をしている。この先これが待っているのかと思って、それを見て割と自由な支店に行こうと思った。ある物件でも優秀な人の下でやっていたが、優秀がゆえに常にピリピリしながらやっていて、周りの人とか協力会社も大変そうだった。(Q)

▶仕事の結果にコミットしている人は多かったと思う。決められた数字を守ることとか、もちろん良いものをつくることに対して物凄くパワーをかけているタイプの人。成果主義で人を見てないと言うか、人間扱いされてない感じはあった。そのチームではみんなで物を作ってるという感じは一切なかった。(G)

これらのインタビューからは、成果に対する偏ったエンゲイジメントという負の側面が見て取れる。成果を追求するあまり周囲への配慮が失われ、視野が狭窄してしまう。そのような状況においても、評価や利益を得ていれば賞賛され、結果さえ出していればプロセスは多少無茶をしてもいいだろうという結果評価の悪い面が現れている。また、決まったことに対して会社全体で何とかしようという体質が強い一方で、アイデアの着想時やつくり方の検討時など、より創発性が必要とされるプロセスでは個の推進力への依存が強いように感じられる。また、関係部署や協力会社など横の協働の意識は強い一方で、上司と部下など上下の連携や一体感の醸成には課題が残る結果と

なった。

業界の問題点と業界構造

　建設業界は長時間勤務が常態化している。仕事への没頭から残業を苦にしない従業員は多いが、やりがいの搾取として揶揄されることもまた多い。また、大学での専門教育と実務の乖離が大きく、大学で学んだことが実務の初期段階では役に立たないケースも業界の問題として語られている。

> ▶学生として学んだことと実務とのギャップが非常に大きい。必要な知識や技能が多岐にわたりすぎていて、いつまでたっても「身になっている」という感覚を得られにくいのがしんどい。(N)

> ▶学生の時は課題がめちゃくちゃ楽しくて、24時間製図室にいても全く問題がなかったけど、働き出してから会社では早く帰りたいと思うようになった。学生の時はそんなこと思ったことはなかった。A社に足りていないのは"お祭り感"。自分がどれだけ主体的に参加しているのか、神輿をちゃんと担いでいるかどうか。フルコミットしていないのはなんでかな？ PTAの地元のお祭りに参加させられているようなモチベーションになってるんじゃないか。(A)

> ▶自分の中でこうあるべき、こうしたいという気持ちが他の業界よりも強い。強い気持ちを持って会社に入ってくるけど環境的なギャップが多い。大学でやってたことと、仕事でやることの直結具合が他の仕事と比べると大きいが、その分現実とのギャップも大きい。建築はあるべき論を語るので、社会に対しての提言をしていくことを大学教育で学ぶ。そこから壁のカラースキーム[13]の手伝いをさせられるとかでは辛い。(D)

13　主に内装の最終段階で仕上げ材の素材や色を確認する工程

> ▶やりがいはあるが、慢性的な業務過多や労働時間を給料とやりがいで補填している感じがする。(P)

大学時代は進んで長時間課題に取り組んでいた人が、会社に入った途端に帰る時間を気にするように、仕事への参加の意欲が低下するケースが見られた。いわゆる参加させられている感が出てしまい、前向きなモチベーションが醸成されないケースである。若手のうちはまずは下積みから、という言説もよく聞かれるが、当人がそれを「ただの手伝い」のように感じている状況がこの問題の根幹にある。また、大学時代の経験や知識が実務では通用しにくいという歪みが、若手の意欲の低下を招いていることも要因の一つとなっている。

離職要因

次に、離職者並びに離職意思の高い従業員に対するインタビューから、離職につながる主な要因の特定を行った。その結果、ものづくりが楽しくないケースと飽き・マンネリなど仕事に発展性を感じないケースの二つの要因に分類された。

(1) ものづくりが楽しくないケース

まずは、仕事への強い想いの源泉となる達成感が充足されないケースについて、インタビューでは以下のように語られている。

> ▶学校の課題のワクワク感で仕事をしたことはなかった。A社ではやっぱりメンバーが多くて、ある程度コントロールする人がいるんで、自分がやらなくてもプロジェクトは進んでいくんだよね。設計課題や文化祭は自分がやらないと進まないから。(D)

> ▶今の業界は業務が効率化されすぎてると思う。責任範囲が明確過ぎるんだよね。人のことを手伝うより自身がしっかり立っていることが優

先されて、働き方改革なんかも言われて、周りを手伝うっていう意識がすごい薄くなっているように感じる。自分の仕事が過度に優先されちゃってるのは働き方改革の弊害なんじゃないかと思う。(E)

　また、離職意思が高い従業員においても、ものづくりの楽しさが失われている状況は、チームとしての向かう方向性や、上司に部下を巻き込む力が不足していることによって生じると指摘されている。

▶建設業では個人で解決できる問題は少ないと思います。仕事を業務としてただこなしていくのであれば、組織単位でマネジメントすることは可能だと思いますが。個人の事務所みたいにやりたい管理職は会社の方向性には合ってこない。設計は「育てる」というスタンスではなく、下からの突き上げが求められますけど、いまいち求められていることが分かりにくくしんどいことが多い。ただ技術を継承していくのであれば、比較的育成は楽だと思いますが、人材育成の仕方が他業種とは大きく違いますね。(N)

▶あるグループではグループリーダー[14]が一生懸命なのは分かってましたけど、チームで設計するという観点が少なかったのがモチベーションの上がらない理由でした。設計者としてのスタンスもあると思うんですが、やり方を押し付けられるというか、一方的な仕事のやり方をされてしまうと、あなたのためにこの会社に入ったわけじゃないしな、って思っちゃうんですよね。(N)

▶単純に建築が好きすぎるという人がいて、その想いが周りへの自分のやり方の強要や高圧的な物言いのような変な形で外に出ることもある。

14　グループを管理する管理職で、通常5〜10名程度の一般社員をまとめる役割を担う。施工管理職においては通常一つの物件を専任で担当するが、建築設計職では複数物件を同時進行で進めていくのが一般的である。

最近は減ったのかもしれませんが、昔はそういう人がすごく多かった。(O)

　ここでは上司や先輩社員が若手を上手く巻き込めていないケースが見られた。協創に対する認知の不足である。上司がチームの一員として部下をチームに同一化できていないことが、若手の意欲の低下や離職意思につながっている。その要因として、仕事へのエンゲイジメントが独りよがりな悪い方向に出てしまい、人材をコマのように扱ってしまう、そして当人がそれを自覚していない状況が見て取れる。また、ものづくりが複雑になりすぎ、管理者が業務過多で疲弊している状況があり、その結果同僚や部下へのフォローが行き届かなくなっている管理上の限界も見られた。

(2) 飽き・マンネリなど仕事に発展性を感じないケース

　離職要因として多く語られたのは、会社の仕事に対する飽きやマンネリに端を発する離職である。A社で今後得られるであろう経験や、仕事内容に魅力を感じなくなり、外にそれを求める形での離職が多く見られている。

> ▶あるプロジェクトで、海外のデザイナーと一緒に働くことがあって、その時に「あ、自分の世界って狭いな」って感じて外に出ようと思ったのが最初。残業が多いとか長時間労働とか、労働環境の問題もまああったけどね。(C)

> ▶みんなある程度仕事が出来るようになって、仕事を一通りやって、一周してから辞める感じがある。新しいことをやりたいっていうのが大きいんじゃないかな。現状の仕事への飽きなんじゃないかなと思う。ずっと同じことをやっている感じがある。(J)

> ▶辞めようかな、から辞めるにジャンプする決め手になったのは、別のことをしたいなと思ったから。飽きたという訳でもないけど、一生これに縛られなくてもいいかなと考えた。まだやるべきこと、足りな

いことはいっぱいあったけど、今の仕事は多分20年経っても同じで、それをずっとやり続けることに魅力を感じなかった。(A)

▶今のものづくりはすごい複雑になってきているので、どうやって協業していくかがポイントですよね。バラバラで動いているとどうにもならない。みんなそれぞれバックグラウンドは違うので、知識を共有していかないと会社の未来はないですよ。共有化していくことで効率化することと、良いものをつくるという両方ありますよね。(A)

　飽き・マンネリや世界の狭さを感じさせてしまっている要因のひとつとして、組織やチームとしてものづくりの創発性を発揮できていないという点がインタビューから読み取れる。組織が創発性を発揮できない環境、すなわちものづくりの楽しさを提供できていない状況となってしまっていることが、仕事への飽きやマンネリにつながっていると考えられる。建設業のものづくりは、従前のやり方を続けることにポジティブなイメージがなく、停滞であるとされることがあり、その停滞が組織への倦怠感につながっている可能性が考えられる。しかし、会社が常に従業員一人ひとりに対して新しいプロジェクトを提供し続けることは現実的ではない。そのため、いかに周囲の人間とのかかわり合いの中で、ものづくりの面白さを見出していくのか、見出しやすい環境を組織が提供できるかが焦点となる。

▶みんな転職したくて仕方がなかったという感じではない。じゃあ辞めない人との違いは何かっていうと、自身もふっと我に返る瞬間がある。これ以上ワクワクすることがあるのかな、と思ってしまうことがある。その辺なんじゃないかな。(J)

離職要因についての深掘り
　ここまで離職要因として、ものづくりが楽しくないケースと飽き・マンネリなど仕事に発展性を感じないケースをインタビューから明らかにした。更

にインタビューを深く読み込んでいくことで、先に述べた2つの要因に付随する離職要因が明らかとなった。

（1）自身の専門性の不足による存在意義についての疑問

　インタビューにおいては、自身の存在意義についての疑問が多く語られていた。その背景には、一つのプロジェクトの完成に長い時間がかかる建設業の特性がある。プロジェクトの完成までに数年かかることも珍しくなく、いわゆる一通りの経験を積むには多くの時間を要することに加え、若手のうちはプロジェクトの全体像の把握が難しく、自身が担当する部分の重要性や役割の把握が困難であることが、自己効力感の低下につながっている。

> ▶ゼネコンは特徴として形になるのが遅い。仕事のスパンが長く、やり始めて3年とかが簡単に経つ。一度経験していれば納得感もあり我慢もできるけど、仕事自体がしょうもないと我慢できない。それと一度学んだことを次の経験に発揮できない。A社は経験がぶつ切りになるイメージがある。いろいろやるのがいいのは分かっているけど、自分の技術が成熟しているのかどうか分からないのがしんどい。（D）

> ▶一つの小さな仕事の積み重ねで全体ができているという認識がないと充実感は得られないと思う。（M）

> ▶自分の領域が決まっているとやりやすいですよね、そこから越境するのは良くて。自分に決定権がないと仕事はつまらない。今の仕事でもそれは意識していて、みんなが自分の決定権を持って仕事をしている。最低限の持ち分というか責任範囲が決まっていないと何も面白くない。自分の得意分野とか領域があって、その上でみんなでやっていく、それがものづくりの楽しさにつながっているのかもしれない。（A）

> ▶施工まで完結するプロジェクトを担当して、初めて自分の存在意義を

実感した。色々なフェーズでの実体験があることで、自身が担当してる、成果を上げているという認識や実感が生まれる。自分は5～6年目で感じた。(L)

▶自身の専門性という観点で言うと、社内における自身の立ち位置や得意分野が明確になると、仕事に対する心持ちが大きく変わりますね。(O)

このように、仕事の全体感を得ることも重要ではあるが、何よりも自身の専門性を獲得し組織の中で立ち位置を明確にすることが自己効力感の醸成には肝要であることが示されている。自身の専門性を基盤としての全体感の獲得や、能力の発揮、そして越境して新たなチャレンジをしていくことが重要となる。上司や先輩社員からの的確なサポートなしに若手が部分と全体の関係性をつかむには、建設物というプロダクトはあまりに複雑である。それまでは自己効力感が高まらない状態で仕事をすることとなり、ものづくりの楽しさが充足されない状態が離職意思の向上につながってしまう。以上から、自身の存在意義についての疑問は、自身の専門性の不足に起因することが理解できた。

(2) 過剰な仕事へのエンゲイジメントの悪影響

上司が部下をものづくりに上手く巻き込めていない問題については、上司による過剰な仕事へのエンゲイジメントが理由として挙げられる。通常、エンゲイジメントはポジティブな影響を組織に及ぼすと言われているが、建築への想い入れが強く出すぎることで、成果や周囲の人間に対して悪影響を与えることがインタビューから示唆されている。

▶とにかくいい建物をつくりたい一心だと思うんですが。でもその人の下で仕事をするのは辛かったです。当時は自分に能力がないから大変なんだと思ってましたけど、今考えると残業時間も多く、今なら辞め

てるかもしれません。(G)

▶みんな自分の想いに対してはすごくパワーがあるが、それが外に向かない。それが独りよがりにつながる。(J)

▶一生懸命なのは分かってましたけど、チームで設計するという観点が少なかったのが最後までモチベーションが上がらない理由でした。部下に対して期待していない上司と一緒に働くのは徒労感しかない。(N)

▶仕事と設計者という二つの立場があって、それを混同してはいけないと思います。仕事の指導であれば甘んじて受けますが、設計者としてのスタンスを押しつけられてしまうと、納得感を持って仕事をすることは難しいと思います。(N)

▶自分から前向きに考えている時は良いけど、考えることを強いられているような状況もあり、それによって捉え方が随分変わります。そうなると業務量なんかが自分の時間に食い込んでいく感覚になってしまう。分からないことは自分で考えて分かれよ、という話もありますけど、若いうちは"分からないことが分からない"ので、その点の上の理解が大切だと思います。(O)

▶仕事なので仕方ないとは思いますが、常に一方的に評価されているという感じがあって、一緒に物を作っているという感覚にはならなかった。(G)

　エンゲイジメントの強さは、悪くすると自身の内面にのみ強く志向され、チームや他者に対する働きかけが希薄となるケースが見受けられる。そういった過剰なエンゲイジメントを発揮するタイプの人材は、個としての仕事の成果は比較的高い。しかし、周囲のチームメンバーに対する意欲や自己効

力感の面での悪影響は否定できず、長期的に見た組織効率は決して高くない。また、組織の観点では、個で生み出すものがどれだけ突出していても再現性に乏しく、過剰な個の悪影響を看過していてはいけないことが理解できる。建設業における悪いエンゲイジメントは、周囲に与える影響の大きさが懸念される結果となった。

（3）労働時間・評価制度など労務的な問題

　先に述べた労働時間や給料などの労務管理的な問題は、離職を検討する際に間接的な要因となるが、離職の直接要因となることは少ない。しかし、離職意思を高めるきっかけとなるため、一企業を超えて業界として課題解決に取り組んでいく必要がある。これらの課題は、本研究で研究対象とするマネジメントの範囲を超えた領域であるため、参考意見にとどめ、分析フレームワークからも除外することとしたい。

> ▶長時間労働が常態化して、建築業界ではよく言われているやりがいの搾取が起こっている。前向きに取り組んでいる時は搾取されていると感じない。搾取されていると感じるのは、押し付けられてる感のある仕事。（B）

> ▶評価制度に納得がいかずモチベーションが低下している部分もある。（L）

> ▶労働時間が長すぎてしんどい時もあったけど、自分で選んでやってるのであまり気にしてなかった。でも、やってる仕事の量や果たさないといけない責任に対して、評価や給料は見合ってないと思う。（G）

　ここで興味深いのは、キャリア初期には自己効力感が高まらないことが離職意思向上の主な要因として語られるが、仕事の達成感が充足されるキャリア中盤には評価が十分ではないことが離職意思を高める要因として語られる点である。ここでいう評価とは、給与に紐づく制度としての評価と、周りか

らどう認知されているかという評価の二つの観点がある。そこから、キャリア初期は自己に対する心理的活性化が満たされない状態が離職要因となりやすく、キャリア中盤は自己に対する心理的活性化が客観的に評価されない状態が離職要因になりやすい可能性が示唆されている。結果として、高まった自己効力感が組織の外に出たいという欲求を後押しし、離職を選択する可能性が示された。

(4) 配属などの会社とのミスマッチ
　会社とのミスマッチは、離職を考え始める大きな要因となる。ミスマッチが発生することにより離職を考え始め、自身にとって最適な環境を見つけた時、つまりA社で得られる環境を超える職場を見つけた時に離職が選択される。会社とのミスマッチに関しては本研究の主眼からやや外れた問題であるため、労務的な問題と同様、本研究では参考意見にとどめるものとしたい。

　▶自分のやりたいニーズと今の会社の方針がマッチしたことが転職の最大の要因ですね。A社ではそれがマッチしなくなってしまった。A社では規模感ややりたいものの選択が難しいと感じていました。(B)

　▶留まっている理由は自分の人生のベクトルとマッチしているから。仕事内容、給与面など。そこがマッチしなくなったら、そこまでこだわることなく転職すると思う。(Q)

(5) 自己に対する心理的活性化を満たすための離職
　これまでに述べた要因では、離職意思は高まるが離職を決断するまでにはまだ十分ではない。最終的に離職に踏み切るきっかけとなるのは、自己実現を達成できる環境が外に見えることである。特に、自身がキャリアを積み、会社の外でも問題なく自身の目標を実現できる自己効力感を獲得することで離職が促進される。すなわち、離職意思がある水準まで高まった時に自己実現を達成できる新たな環境に出会い、加えてその環境でもやっていけるとい

う自信が重なると従業員は離職を選択する。

▶建設業は仕事が好きな人が多い。仕事が好きすぎて会社を辞めてしまう。仕事ありきで所属会社を決める人もいるんじゃないか。その手の人は、自分のやりたいことに対して条件のいい会社、という考え方で会社を選ぶので組織への帰属意識はない。(M)

▶10年やってきて、会社の外に出るだけの力は身に付いたという実感があった。(B)

▶自分のデザインを実現するために辞める人が多いと思う。夢と現実を天秤にかけて辞める。お金を稼ぐために辞める、みたいな人はいないんじゃないか。(D)

▶やりたい建築を実現するための手段としてA社があった。あくまで一つの手段なので、A社で無理なら次を探そうという感じで離職を考えていた。この人のために働きたいとか、会社のために働きたいとかエモーショナルなものはなかったよ。(D)

離職要因のまとめ

ここまでのインタビュー結果から、離職要因をまとめると以下のとおりとなる(図10)。

まず、離職要因として①ものづくりが楽しくない、②飽き・マンネリ・発展性のなさ、③専門性の不足による存在意義への疑問、④過剰なエンゲイジメントの悪影響、⑤仕事のイメージとのギャップ、⑥会社とのミスマッチ、⑦労務的な問題(残業時間・給与など)の7つに分類できる。更に①②③については内的要因に起因し、④⑤⑥⑦は会社や上司などの外的要因に起因すると考えられた。これらの要因は、自身に対する心理的活性化が満たされない状態として体現され、自己の専門性が高まらないこと、ものづくりの創発

性が不足していること、管理者の協創に対する認知が欠落していること、そして労務管理上の問題に集約される。ここでは、⑥⑦の要因となる労務管理上の問題は、組織が経営戦略を踏まえて包括的に解決する問題であり、本研究では取り扱わない。自己の専門性が高まらないこと、ものづくりの創発性の不足、管理者の認知の不足の3点においては、その結果としてより良い環境を目指しての離職へとつながることが明らかとなった。

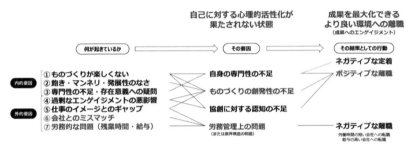

図10：離職要因のフレームワーク

インタビュー調査の考察①

建設業に多くみられるワーク・エンゲイジメントが高い従業員は、会社で自己に対する心理的活性化が満たされないと判断した時、よりよい環境を求めて離職を選択する。その具体的な要因は、自己の専門性が高まらないこと、ものづくりの創発性の不足、管理者の協創に対する認知の不足の3点に集約できる。それらの要因が充足されないことで、従業員は成果を最大化できる環境を目指して離職を選択する。重視されるのは、自身が将来的に果たす見込みのある成果である。長時間労働や給与については、離職意思を高める要因にはなり得るが、離職の決断につながるケースは少なく、ワーク・エンゲイジメントが満たされている条件下においては、労務管理上の問題はある程度看過される傾向にある。

ものづくりの創発性

以上から、離職の主な要因について、成果を最大化できるより良い環境へ

の離職、すなわち個人の成果への強いエンゲイジメントが確認された。そのものづくりの成果を最大化する性質こそが創発性である。従業員の強いエンゲイジメントと、ものづくりの創発性の関係が組織の人材定着に与える影響について更なる検証を行う。

(1) ものづくりの創発性

ここまでのインタビューから、ものづくりの楽しさを生み出す創発性が、組織への人材定着に効果を発揮する可能性が示された。創発性を担保する部分と全体の良好な関係は、その製品としての性質にとどまらず、ものづくりのプロセスにおける人のかかわり合いにも大きな影響を与える。インタビューにおいても、創発性によってプロジェクトが推進していく様子が語られている。

▶A社では、現場の人たちと一緒に作っているという感覚とか、設計室で同じベクトルで仕事をしている醍醐味があった。設計室のようにみんなが一つのプロジェクトに向かっていると、ベクトルが共有できてみんなで作っている感覚が高まる。(I)

▶取り組まないといけない共通の課題に対して、部署をまたいだ協力関係が価値観の前提にあって、そんな協力関係の上で仕事を進めてくことは居心地が良かったかな。そのへんはかなりポジティブな会社だったと感じてる。(C)

▶相互理解を深めながら作っていくことで、建築の強度が高まると感じる。他業種とつながる機会や入り口がいっぱいある。他者との関係性で知識が広がって、自分の幅が広がっていくことが重要。自身の領域の広がりを感じられることが建築の面白さだと思います。(O)

▶入社してすぐは、自分に何が出来るのかが全然分からなかった。自分

が主体でやっていかなければならなくなった時に、チームでの働き方を認識できると思う。主体性を持って仕事に取り組んだ時にこそ、初めて全体の中での仕事の位置づけを理解することが出来る。（I）

▶組織への愛着は目を曇らせる。小さな組織、つまりプラットフォームのようなチームの考え方が重要だと思う。いいチームでは個人の力が重要視されていて、個人の興味などがアメーバ状に広がっていくような形でものづくりが進められていく。そのようなチームでは仕事もいい結果になる確率が高い。（M）

▶組織に対してはやや冷めた目で見てて、会社には特に期待してない。会社が何かしてくれるとは思わないけど、チームや同僚はモチベーションの源泉になる。目標とする成果が共有できていることもあり、チーム内であれば助け合うことができる。（M）

▶自分のやりたいことをゴリ押しするタイプは、それはそれで会社には必要だとは思います。でも、最終的にはみんなを共感させられることが大事だと思っています。案を考える人、作り方を考える人とか、みんなの考え方を入れていくとその方が良いものができるじゃないですか。自分だけでは考えられなかったことまで到達できるという意味でも、共感が大切だと思います。（O）

また、創発性が発揮されているケースに加えて、創発性を上手くマネジメントできていないケースについてもインタビューでは語られている。このケースでは上司と部下の創発性に対する認識のギャップがあらわれている。

▶こんなにチームでやっているのに、上からは「お前は何をやりたいんだ」と個人のやりたいことを主張するように言われるのにはずっと違和感があった。若手の"やりたい"を上手くサポートしてあげるのが

上の人間の務め。それぐらい自分でやれよ、と上の人は言うけど、それほど今の建築は簡単じゃない。サポートが重要だけど実行されていない。そんな状況でものづくりを楽しく、とか言われても無理です。（A）

▶自分の頑張る方向と、上司が求めているもののギャップが常にあって、何年か一緒にやっててもそれが全然埋まる気がしなかった。常にギャップを抱えて、お互いフラストレーションを溜めながら仕事をしている感じになってるのがよくないですよね。（N）

　以上から、自己に対する心理的活性化が満たされない状態を構成している専門性の不足、管理者の協創に対する認知の不足、ものづくりの創発性の不足の3つの概念は並列ではなく、上位概念と下位概念に分けられることが理解できた。具体的には、自身の専門性の不足とチーム認知の不足が、ものづくりの創発性のない環境を生み出している。管理者の協創に対する認知の不足については、インタビューにおいては管理者への意見として多く見られたが、管理者に限らずすべての従業員にチーム認知は重要であることを鑑み、「チーム認知の不足」としてフレームワークを作成した（図11）。

図11：ものづくりの創発性が欠乏する要因

　加えて、「その他の要因」についての可能性も検討した。特にインタビューからは、専門性があっても自身の役割に納得感がないと創発性が高まらない

ことが示されていた。そこで、ものづくりの創発性を不足させている要因の一つとして「役割への納得感の不足」を加えることを検討したが、専門性が発揮できる背景には役割への納得感も含まれていると考えるのが自然であり、その概念は「自身の専門性の不足」に統合した。

そして、この2つの先行要因が充足されることがものづくりの創発性につながると考えられるため、「専門性の発揮」と「チーム認知の向上」が「ものづくりの創発性」につながるフレームワークに収斂した。更に、ものづくりの創発性の程度を判断するためには、創発的な行動の多寡を測ることが有効であると考え、従属変数を2つの先行要因によって誘発されると考えられる「創発的な行動」とするフレームワークを設定した（図12）。

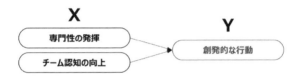

図12：ものづくりの創発性につながるフレームワーク

創発的配慮行動（創発行動）

　自己への過剰なエンゲイジメントから他者に向かって意識を開いていくためには、自己ではなくチームの成果へのコミットメントが求められる。更に、チームの成果を最大化するためには創発的な環境が求められ、その創発的な環境を生み出すのが、ものづくりの成果につながる配慮行動、すなわち成果につながる他者とのかかわり合い（創発行動）である。チーム内で多く創発行動が行われることで、従業員はチームへのエンゲイジメントや、つくるものへのコミットメントの高まりを感じていることがインタビューから示されている。

> ▶良い仕事を与えて組織へのコミットを高めることが大切。良い仕事には成果がついてくる必要がある。良い仕事を与えるだけでは片手落ち

で、それが成果として実現するまでサポートする必要がある。それを
サポートできるのがチームであり上司や同僚などのチームのメンバー。
そもそもプロジェクトの成果はチームで実現するもの。その意識がな
いと人は定着しないけど、上の人にはその意識がない人が多い。（M）

▶製作図[15]の回覧で「どうしたいか」という質問がされ、それに対してこう
したらいいという方向性を出してくれる。あとは性能的なチェックとか、こ
こは要注意という注意喚起など。チームっていう感覚もあったけど、もっと
自分という個を尊重してくれているという感覚が強かった。そういう人と仕
事ができるのはありがたいと思う。（C）

▶方向性は出しても判断は相手に委ねるっていう姿勢が大事だと思う。
こうしなければならない、とは言わないのと、結果に対しての責任を
取る姿勢があること、それがちゃんと見えることが大事。（C）

▶チームでやっていることでどんどん物が良くなっていく楽しい感覚は
あったと思う。組織なのでそんなことはあり得ないけど、あのチーム
でずっとやれるのであれば、まだ（A社に）いても良かったかなと思
うこともある。（G）

▶（人名）所長は任せるがしっかり後ろから見守っているタイプ。所員
の仕事の進め方を協力会社と会話をして裏を取っている。現場を見て
いる。任せた人間がしっかりやっているかどうか、足を使って確認し
ている。余計な口は出さないけど、守られている安心感もあり、仕事
に対する気持ちは高い状態を維持できた。やっぱりそういうチームに
は人が集まってくるし、雰囲気は非常に良くて、雰囲気が良いと当然良いも
のづくりにつながる。あの現場ならまた一緒に仕事をしたいと思える。（Q）

15　ものづくりにおける各部分の詳細図が記載された発注図面

▶ものづくりにおいて柔軟性を獲得するためには、自分の領域を超える存在、価値観を広げてくれる存在が周りにいることが重要。自分以外に目が向くことが大切で、それがないと独りよがりなものができるし、周りもついてこない。やっぱり自分を高めてくれる存在とは一緒に仕事をしたいと思うし、自分もそういう存在でありたいと思う。(J)

更に、ここまでの内容から創発性に強く寄与していると考えられるI氏へのインタビューをまとめ、その考え方を示す。I氏のマネジメントへの取り組みは、他氏のインタビューからも良いケースとして語られていた。

▶所属するメンバーとは良好な関係で仕事が進められていて、現時点ではA社への愛着は感じている。プロジェクトを牽引して、自分やメンバーの自己実現と会社への利益貢献が出来ている満足感を持って仕事をしている。(I)

▶今の会社の状況というか業界としては、仕事のスキームが複雑で、純粋に設計施工を楽しめなくなってきているところがある。昔で言うトイレの設計[16]を純粋に楽しむモチベーションを持てない。今担当している物件も会社としての裁量が少なくなっていると感じる。純粋にものづくりを楽しめなくなっているのは組織として問題だと思う。(I)

▶(人名)さんは、みんなの意見から良いものを抽出するプロセスを通していいものを生み出すアプローチをしていた。その方が総じていい成果につながると思う。モジュールみたいなやり方では、今の時代は下の人がついてこないから…、自身の事務所であれば別だけど、組織では存在が難しい状況になってきてると思う。(I)

---

16 建築設計ではキャリアの初期に、大きな物件のトイレなどの部分を担当し、設計の基礎を学ぶことが多く、その前提からの発言。

> ▶会社が自分の力を発揮できる場であることと、待遇面も悪くないから特に不満は感じていない。自分が興味を持って取り組める仕事や役割が無くなってしまった場合に、会社にとどまる動機は減るかもしれない。(I)

　以上のインタビュー結果から、従業員の創発行動が、チームへの愛着や帰属意識、そしてチームでつくる"もの"への愛情と責任感につながっていることが示された。本研究では、チームへの強い愛着や帰属意識を「チーム・エンゲイジメント」と定義し、チームでつくるものへの愛情や責任感を、「チーム・コミットメント」と定義し、その関係性を下図に示す（図13）。

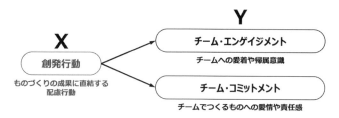

図13：創発行動との関係図（筆者作成）

管理者のジレンマ

　最後に、管理者のジレンマについて述べる。創発性の高い認知を持っており、チームの一員としてメンバーを扱う意識を持つ管理職においても、人材育成には苦慮している現状がある。当然ではあるが、管理者の認知だけでは不足し、メンバーの主体性やチームの一員であるという意識、自身がチームに何を貢献できるのかという認知は非常に重要で、双方向的にチーム認知が醸成される必要があると言える。

> ▶若い人のタフ感はやっぱり下がってきてる。ここまでやってやろうっていう主体性が薄い。時代とか、働き方とは言いたくないんだけど、辞めてしまった若い子は正直どう育てたらいいか分からなかった。1

お願いしたら本人の「これがまあ1かな」が出てくる。10言うとプレッシャーになるから難しい。ものづくりの楽しさを教えるにはどうしたらいいかと言うと、任せることなんだけど、任せすぎると訳が分からなくなるからさじ加減が難しい。(J)

▶下の子を育てるのはすごい難しい、待ってられない。チームでものをつくっていくのが楽しいのはある程度のレベルがあるからで、(プロジェクト名)の時みたいに全員が出来る人だとどんどんものができていく楽しさがあったけど、若い人には基本期待していないので、自分でやっちゃうことが多い。(M)

インタビュー調査の考察②

考察①で示した離職要因である自己の専門性が高まらないこと、ものづくりの創発性の不足、管理者の協創に対する認知の不足は並列であると想定したが、自身の専門性と、管理者の認知はそれ自体がものづくりの創発性を低下させる要因となる。不足する創発性を充足するためには、建設業のものづくりの特性である部分と全体のマネジメントに着目し、メンバーとのかかわり合いの中で成果を最大化していくチーム、すなわち創発性を高めるチームマネジメントの重要性が示された。部分が全体の中で果たす役割を正しく理解し、部分が専門性を最大限に発揮すること、そして全体の統括者が部分の重要性を正しく理解することが、創発性の高い組織の基盤となる。

インタビュー調査の考察③

考察②において、チームの成果につながる配慮行動、すなわち創発行動は自身の専門性とチーム認知の向上から正の影響を受ける。そこから、創発性を高めるマネジメントが建設業では人材定着につながる可能性が示された。組織という文脈の中で、自身がどのような役割を果たす力があり、それが全体の中でどのような位置づけにあるのかを正しく理解すること(専門性の発揮)が重要であり、建設業のものづくりにおける創発的な性質を正しく理解

し、インテグラルなものづくりこそが成果の最大化につながる認識（チーム認知の向上）の重要性が示された。現在の組織に不足しているのは、プロセスの創発的な性質の理解を基盤とした他者とのかかわり方と、創発的な性質の中での自分の果たす役割の認知であり、その意識づけを行うことの重要性が明らかとなった。

分析結果のまとめと考察

　建設業においては、仕事への想いが強い従業員は、自己に対する心理的活性化が満たされないと判断した場合、よりよい環境を求めて離職を選択する。その要因は、自己の専門性が高まらないこと、ものづくりの創発性の不足、主に管理者のチーム認知の不足の3点に集約され、それらが充足されないことで、従業員は成果を最大化できる環境を目指して離職を選ぶ。そこで重視されるのは、自身が将来的に果たす見込みのある成果の最大化、すなわち仕事の成果へのエンゲイジメントである。また、離職要因としてものづくりの創発性の不足があげられ、部分と全体のマネジメントの機能不全が起きている現状に対して、メンバーとのかかわり合いの中で成果を最大化していくチーム、すなわち創発的チームのマネジメントの重要性が示された。創発性を高めるためには、チームの成果を高める配慮行動（創発行動）を行うことが重要であり、創発行動は自身の専門性とチーム認知の向上から正の影響を受ける。そこから、部分と全体を上手く統合し、創発性を高めるマネジメントが建設業のあるべきマネジメントの形であり、人材定着につながることが示唆された。現在の組織において不足しているのは、製品の創発的な性質への理解を基盤とした他者とのかかわり合いと、創発的な性質の中での自身の果たす役割の認知であり、その意識づけを行う重要性が明らかとなった。以上の内容を分析フレームワークとしてのパス図に再現すると以下のとおりとなる（図14）。

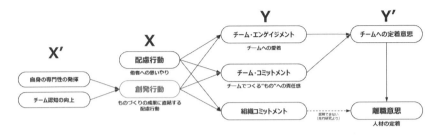

図 14：分析フレームワーク

4-2. 定量調査（アンケート調査）の概要

前項の調査によって構成した分析フレームワークを、定量調査における仮説とし、統計学的分析によってその妥当性を検証する。本研究における仮説を以下のとおりに設定する。

> 仮説①：建設業のコンテクストにおいて、ものづくりの創発性を向上させる創発行動は組織へのコミットメントよりも、チーム・エンゲイジメント（チームへの愛着）とチーム・コミットメント（チームでつくるものへの責任感）により強い影響を与える。
>
> 仮説②：創発行動の程度が高まる条件は、自身の専門性を発揮できること、チームとしての協創の意識、すなわち創発性に対する正しい認知を持つことである。
>
> 仮説③：チーム・エンゲイジメントとチーム・コミットメントの程度が高まると、チームへの定着意思が高まる。

これらの分析枠組みをモデル図で示すと以下のとおりである（図 15）。

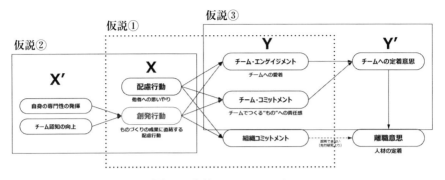

図 15：分析フレームワーク

　アンケート調査では、先行研究の尺度を参照して「創発行動」「チーム・エンゲイジメント」など各概念を説明する質問項目を設定し、回答が偏らないよう適宜質問順を入れ替えた上で質問票を構成した。得られた回答結果に対して、探索的な因子分析とインタビュー調査の結果をもとに合成変数を作成し、信頼性分析を行った上で重回帰分析①を実施し、概念ごとの影響を確認した。更に、一連の分析から生まれた視座を基に、詳細分析フレームワーク（図16）を構成し、同様の分析を行うことで、概念ごとの影響を確認した。結果として、それぞれ2因子に分かれた創発行動と配慮行動について、その具体的な内容が明らかにされ、実践におけるマネジメントに落とし込むことが可能となった。

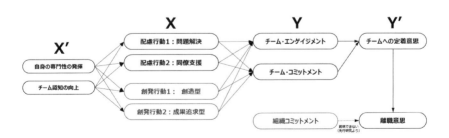

図 16：詳細分析フレームワーク

アンケート調査の概要

(1) サンプル概要

本研究のアンケート調査のサンプル概要は以下のとおりである。

アンケート調査は、A社の建築設計職並びに施工管理職を対象に実施した。対象者は機縁法により選定し、91名から回答を得た。対象者の選定で、リアリティショックによる離職意思のバイアスが入ることを避けるため、勤続年数1～2年の社員はアンケート回答の対象外とした。その他、回答者の職能や年代については下表のとおりである。

表3：A社サンプル概要

調査対象	
回答者数	91名
分析対象サンプル数	78名

年代	
20代	15名
30代	58名
40代	15名
50代	3名

職能	
建築設計職	41名
施工管理職	42名
その他	8名

(2) 質問票（尺度）の概要

回答者には、離職者と非離職者が含まれる。左記を分けずに実施したのは、本研究で明らかにしたい離職意思の抑制は、当人が創発的なものづくりに対してどのような判断基準を持っているかで理解でき、離職の有無は回答には影響しないものと判断できるためである。

質問票の内容は先行研究の尺度を利用し、いずれもリッカート7点尺度で回答を作成した。具体的には、ワーク・エンゲイジメントに関する質問項目は「6. いつも感じる」「5. とてもよく感じる」「4. よく感じる」「3. 時々感じる」「2. めったに感じない」「1. ほとんど感じない」「0. まったくない」の7点で得点化した。その他の質問項目は、質問内容との整合性に配慮し「6. 非常に

よくあてはまる」「5. あてはまる」「4. どちらかといえばあてはまる」「3. どちらでもない」「2. どちらかといえばあてはまらない」「1. あてはまらない」「0. まったくあてはまらない」の7点で得点化した。具体的な質問項目は以下のとおりである。

(3) 質問項目と測定尺度

まず、年代、性別、現職の職務について、そして転職した従業員についてはA社所属時の職務を問う質問を設定した。以下に、詳細な質問項目について記載する。

① 仕事への強い想い（ワーク・エンゲイジメント）について

ワーク・エンゲイジメントの測定には、Schaufeli & Bakker（2003）によるユトレヒト・ワーク・エンゲイジメント尺度（UWES）の短縮版を参照した。なお、原文は英語のため、回答者の理解しやすさに配慮して日本語に翻訳されている日本語版（Shimazu et al., 2008）であるUWES-Jを活用した。加えて、チーム・コミットメントを測る指標としてQ10, Q11を追加して質問数は11とした。

表4：仕事への強い想いに関する質問項目

番号	概念	質問事項
1	ワーク・エンゲイジメント（活力）	仕事をしていると、活力がみなぎるように感じる
2	ワーク・エンゲイジメント（活力）	職場では、元気が出て精力的になるように感じる
3	ワーク・エンゲイジメント（熱意）	仕事に熱心である
4	ワーク・エンゲイジメント（熱意）	仕事は、私に活力を与えてくれる
5	ワーク・エンゲイジメント（活力）	朝に目が覚めると、さあ仕事に行こう、という気持ちになる
6	ワーク・エンゲイジメント（没頭）	仕事に没頭しているとき、幸せだと感じる
7	ワーク・エンゲイジメント（熱意）	自分の仕事に誇りを感じる
8	ワーク・エンゲイジメント（没頭）	私は仕事にのめり込んでいる
9	ワーク・エンゲイジメント（没頭）	仕事をしていると、つい夢中になってしまう
10	チーム・コミットメント	良いものをつくれるのであれば、長時間労働も苦にならない
11	チーム・コミットメント	良いものをつくれるのであれば、周りからの評価は気にならない

② チームに対する強い想い（チーム・エンゲイジメント）について

チームに対する強い想いを測る尺度として、Meyer, Allen & Smith（1993）の組織コミットメント尺度における情緒的コミットメントの測定尺度を参考に、チームへの愛着、すなわちチーム・エンゲイジメントを測る尺度へと編集して質問項目を作成した。また、自身の専門性の発揮を測る Q12、チーム認知の向上を測る Q13、チームへの定着意思を測る Q20, Q21 を追加して質問数は 10 とした。

表5：チームへの強い想いに関する質問項目

番号	概念	質問事項
12	自身の専門性の発揮	チーム内での自身の評価や役割に納得感がある
13	チーム認知の向上	チームメンバーの中で目標が共有されていると感じる
14	チーム・エンゲイジメント	私は残りのキャリアをこのチームで過ごすことができるならばとても幸せだ
15	チーム・エンゲイジメント	私はチームの問題を自分のことのように感じる
16	チーム・エンゲイジメント	私はチームに対して、強い「所属している感覚」を持っていない（逆転項目）
17	チーム・エンゲイジメント	私はチームに対して「感情的な愛着」を抱いていない（逆転項目）
18	チーム・エンゲイジメント	私はチームに対してファミリーの一員であるとは感じていない（逆転項目）
19	チーム・エンゲイジメント	このチームは私にとって、会社で仕事をしていく上できわめて大きな意味を持っている
20	チームへの定着意思	チームメンバーから、仕事の成果につながるサポートや配慮を受けた時にチームへの愛着が向上する
21	チームへの定着意思	チームメンバーから、仕事に直接かかわらないサポートや配慮を受けた時にチームへの愛着が向上する

③ 同僚やチームに対して実行されているパフォーマンスについて

会社において同僚やチームに対して、どのような役割外行動を実施しているかを測る尺度として、Mayer et al.（1993）の組織市民行動尺度と、古川ほか（2010）の文脈的パフォーマンス（実行レベル）尺度を参考に、建設業のコンテクストに合わせて文言の修正を行った。それぞれ配慮行動、創発行動、自身の専門性の発揮、チーム認知の向上の程度を測る質問項目とし、質問数は 16 とした。回答の順番は同項目で偏りがないように適宜入れ替えを行い、表6では実際の質問票の順序で記載している。

表6：同僚やチームに対して実行されているパフォーマンスに関する質問項目

番号	概念	質問事項
22	配慮行動	評価されなくても、組織のためになる行動をしている
23	創発行動	評価されなくても、仕事の成果の最大化につながるのであれば同僚への配慮行動を実行する
24	配慮行動	同僚が仕事に関わる問題を解決できるよう進んで援助している
25	配慮行動	職務上の問題を抱える同僚を支援したり勇気づけている
26	配慮行動	自発的に職場内の同僚を支援している
27	創発行動	同僚に対してアイデアや意見を提供している
28	自身の専門性の発揮	同僚の発案には、自らのアイデアを上乗せするよう心掛けている
29	配慮行動	チーム内で生じた問題やトラブルを率先して解決しようとしている
30	創発行動	チーム内の職務が円滑に進むような創造的なアイデアを提案している
31	チーム認知の向上	チーム内で意見の相違を改善するよう気を配っている
32	チーム認知の向上	チームでの協働は、良いものづくりのためには特に重要である
33	創発行動	ものづくりにおいて、同僚へのサポートや配慮行動は重要な役割を果たすため積極的に実行している
34	創発行動	課題を成し遂げるために創造性を発揮し続けている
35	配慮行動	率先して仕事の問題を解決している
36	配慮行動	与えられた役割以上に一生懸命働いている
37	自身の専門性の発揮	日常的に自身の職務能力を高める自己研鑽を実行している

④ 同僚やチームに対する貢献について

　会社で同僚やチームに対して、役割外行動によってどのような「貢献」をしているのかを測る尺度として、古川ほか(2010)の文脈的パフォーマンス(貢献レベル)尺度を参考に、建設業のコンテクストに合わせて文言修正を行った。それぞれ配慮行動、創発行動、チーム認知の向上という概念を測る質問項目とし、質問数は8とした。

表7：同僚やチームに対する貢献に関する質問項目

番号	概念	質問事項
38	チーム認知の向上	同僚の職務の達成度に貢献している
39	チーム認知の向上	同僚の職務に対する意欲の向上に役立っている
40	配慮行動	同僚の成長や学習の向上に役立っている
41	創発行動	同僚の創造的なアイデアの創出に貢献している
42	配慮行動	チーム全体の職務の効率化に役立っている
43	配慮行動	チーム全体の学習の向上に役立っている
44	創発行動	チーム全体の創造性の向上に貢献している
45	創発行動	チームから生み出される成果の最大化(より良い建物を作ること)に貢献している

⑤ 職業の継続意思と組織への定着意思について

　建設業における職業の継続意思と、組織に対する定着意思を測る尺度として、以下の尺度を活用した。職業の継続意思については、HRMチェックリスト（独立行政法人 労働政策研究・研修機構（2017）「HRMチェックリスト―高業績で魅力ある会社とチームのためのチェックリスト―」）のキャリアコミットメントの調査項目を参考に独自の尺度を作成した。組織に対する定着意思を測る尺度として、Mayer et al.（1993）の組織コミットメント尺度のうち、情緒的コミットメントと功利的コミットメントをそのまま利用した。規範的コミットメントについては、インタビュー調査においてほとんど語られることがなかったため、今回の測定尺度からは除外した。なお、これらの尺度は原文が英語であることから、回答者が回答しやすいよう職場の実態を考慮しながら日本語に訳して活用した。質問数は17とし、そのうちの2問（表9）は複数選択回答式とした。

表8：職業の継続意思と組織への定着意思に関する質問項目

番号	概念	質問事項
46	職業の継続意思	建設の仕事が好きなので、この先も続けたい
47	職業の継続意思	私にとっての建設の仕事は、ライフワークとして理想的な仕事である
48	職業の継続意思	他の職場に移っても、建設業に関わって働きたい
49	職業の継続意思	給料が下がっても、建設業の仕事を続けたい
50	職業の継続意思	建設業の仕事は、社会に貢献する意義のあるものである
51	組織への定着意思	会社にとって必要なことであればどんな仕事でも、どんな勤務地でも頑張ることができる
52	組織への定着意思	会社の評判や業績が自分のことのように気になる
53	組織への定着意思	会社の一員であることに強い誇りを持っている
54	組織への定着意思	会社に尽くそうという気持ちが人一倍強いと思う
55	チーム・コミットメント	ものづくりの楽しさは、その会社にとどまる重要な要因である
56	チーム・コミットメント	やりがいのある仕事に恵まれるのであれば、この会社で働き続けたいと思う
57	組織への定着意思	昇進の見込みが高いのであれば、この会社で働き続けたいと思う
58	組織への定着意思	仕事を通して自身が成長できるのであれば、この会社で働き続けたいと思う
59	組織への定着意思	社会的な評価が高いので、この会社で働き続けたいと思う
60	チーム・コミットメント	会社にとって重要かつ責任ある仕事を任されるのであれば、この会社で働き続けたいと思う

表9：会社に求めるものと仕事の達成感についての質問項目（複数回答）

番号	概念	質問事項
61		建築の仕事を続けていく上で、あなたが強く会社に求めるものを下記から選択してください。（勤務時間や賃金などの労働条件を除く） 1. 自身のやりたいことができる 2. 自身の専門性の発揮 3. 同僚との良い関係性・チームワーク 4. 正当な評価 5. 他ではできない体験や経験
62		あなたが仕事において強く達成感を感じる瞬間を下記から選択してください。 （顧客満足は達成している前提で回答してください） 1. 良いチームワークで建物の完成を迎えられた時 2. 関係者との共創によって、一人では到達できない品質の建物が実現できた時 3. 自身の強い想いを建物を通して実現できた時 4. 建物の完成を通じて自身の成長を感じた時 5. 社内で高く評価された時

サンプルの選定

サンプルの選定の手順については以下のとおりである。

A社から集めたサンプル総数91名から、参考意見として徴収した建築設計・施工管理を除く職種である8名と50代の回答者3名を除外した。また天井効果および床効果を確認し、ワーク・エンゲイジメント尺度のスコアが極端に低い（平均点2.0以下）と判断されるサンプル6名は分析結果の偏りを考慮して除外し、78名を分析対象サンプルとして採用した。除外者は一部条件が重複したため、計13名となった。

分析対象78名のワーク・エンゲイジメント尺度の平均点は3.47点（活力3.12、熱意3.81、没頭3.52）であり、リクルートマネジメントソリューションズ実施2019年調査[17]（インターネット調査、有効回答数624名）による2.62点（活力2.35、熱意2.92、没頭2.57）を大きく上回っていることが示された。また、労働政策・研修機構実施2019調査[18]による3.42点（活力2.78、熱意3.92、

---

17 リクルートマネジメントソリューションズ（2019）「ワーク・エンゲイジメントに関する実態調査 調査概要」https://www.recruit-ms.co.jp/press/pressrelease/detail/0000000299/
18 （独）労働政策研究・研修機構が2019年に調査を実施した「人手不足等をめぐる現状と働き方等に関する調査」企業調査票は4,599サンプル（有効回答率23.0%）、正社員調査票は16,752サンプル（有効回答率16.4%）

没頭 3.55) と比較しても高い水準であることが示された。特に離職者の 8 名については 3.91 点（活力 3.37、熱意 4.35、没頭 4.00）であり、大幅に高い水準であった。

　ワーク・エンゲイジメントの尺度を評価する際、便宜上ワーク・エンゲイジメント高群（平均点 4.0 以上）、中群（平均点 3.0 〜 4.0 未満）、低群（平均点 3.0 未満）と 3 つの群に分類した。分類において、A 社のアンケート回答は高群 23（29.5％）、中群 35（44.9％）、低群 20（25.6％）となり、当初の想定より低群が多い結果となった。低群に分類されるグループは、特に活力の点数が低く、全体の平均を押し下げている。低群に分類されたグループの数名に聞き取り調査を行った結果、仕事への強い想いがありながらも活力が低下していることが確認された。仕事への強い想いを持って働いている状態が長く続くと、心身が疲弊した状態となり活力が低下したケースが考えられる。建設業のコンテクストにおいて、活力の高さは仕事の忙しさなど対外的な環境や時期によって変化し、建設への意欲は高いが仕事に対する意欲が低下しているケースも見られ、極端にワーク・エンゲイジメントが低い前述の 6 名を除外するのみとし、最終的な研究対象は 78 名のサンプルを使用することとした。

アンケート調査の統計的分析

　質問票の回答結果を、質問項目の枠組みに合わせて探索的因子分析を行った。目的は以下の 2 点である。まず、設定した質問項目の妥当性を確認し、先行研究と齟齬がないか、齟齬がある場合はなぜそうなっているのかを明確にするためである。次に、分析フレームワークにおいて、創発行動や配慮行動が離職意思にどの程度影響を与えているかを検証することを目的に、創発行動と配慮行動を説明する質問項目（合成変数）を特定するために行った。

（1）質問項目ごとの因子分析

　探索的因子分析は、①仕事への強い想い（ワーク・エンゲイジメント）②チームに対する強い想い（チーム・エンゲイジメント）③同僚やチームに対

して実行されているパフォーマンス④同実行されている貢献⑤職業の継続意思と組織への定着意思、の5つの質問項目の枠組みごと実施した。個々の結果については紙幅の都合上割愛し、以下に論点をまとめる。

　探索的因子分析の結果は、先行研究における各構成概念の尺度の分類とおおむね一致し、建設業のコンテクストにおいても先行研究と類似の傾向が示された。しかし、創発行動と配慮行動の変数として設定した質問項目とは若干の離齬が見られ、分析結果をそのまま概念化することはインタビュー調査からの乖離が予想された。このことは、因子分析では創発行動と配慮行動を類似の行動として分類することは可能であるが、明確にその性質を区別するのは困難であることを示している。そこで、因子分析結果にインタビュー調査の内容を加味して合成変数を作成し概念を構成する方針とし、信頼性分析で妥当性を確認した上で分析フレームワークに沿った重回帰分析を実施することとした。

(2) 各概念を構成する質問項目

① 創発行動を構成する質問項目

　創発行動は、ものづくりの成果の最大化につながる配慮行動であり、創造性の向上やアイデア面での貢献など成果への直接的なかかわり方を測ることで、ものづくりの創発性に寄与している程度を問う質問項目を設定した。

表10：創発行動を構成する質問項目（クロンバックのα係数 0.847）

Q23_評価されなくても、仕事の成果の最大化につながるのであれば同僚への配慮行動を実行する
Q27_同僚に対してアイデアや意見を提供している
Q30_チーム内の職務が円滑に進むような創造的なアイデアを提案している
Q33_ものづくりにおいて、同僚へのサポートや配慮行動は重要な役割を果たす
Q34_課題を成し遂げるために創造性を発揮し続けている
Q41_同僚の創造的なアイデアの創出に貢献している
Q44_チーム全体の創造性の向上に貢献している
Q45_チームから生み出される成果の最大化（より良い建物を作ること）に貢献している

② 配慮行動を構成する質問項目

　配慮行動は、同僚への組織市民行動に類する思いやり行動を表し、創発行動とは明確に区別して質問項目を設定している。創発行動との違いは、問題解決や職務効率化、トラブルを未然に防ぐなど、創造的な性質ではなく組織運営の円滑化に主眼を置いている点である。

表11：配慮行動を構成する質問項目（クロンバックのα係数 0.865）

Q22_評価されなくても、組織のためになる行動をしている
Q24_同僚が仕事に関わる問題を解決できるよう進んで援助している
Q25_職務上の問題を抱える同僚を支援したり勇気づけている
Q26_自発的に職場内の同僚を支援している
Q29_チーム内で生じた問題やトラブルを率先して解決しようとしている
Q35_率先して仕事の問題を解決している
Q36_与えられた役割以上に一生懸命働いている
Q40_同僚の成長や学習の向上に役立っている
Q42_チーム全体の職務の効率化に役立っている
Q43_チーム全体の学習の向上に役立っている

③ チーム・エンゲイジメントを構成する質問項目

　チーム・エンゲイジメントは、チームへの愛着や帰属意識を図る概念であり、従業員がどれだけチームに同一化しているかを問う質問項目を設定した。

表12：チーム・エンゲイジメントを構成する質問項目（クロンバックのα係数 0.793）

Q14_私は残りのキャリアをこのチームで過ごすことができるならばとても幸せだ
Q15_私はチームの問題を自分のことのように感じる
RQ16_私はチームに対して、強い「所属している感覚」を持っていない（逆転項目）
RQ17_私はチームに対して「感情的な愛着」を抱いていない（逆転項目）
RQ18_私はチームに対してファミリーの一員であるとは感じていない（逆転項目）
Q19_このチームは私にとって、会社で仕事をしていく上できわめて大きな意味を持っている

④ チーム・コミットメントを構成する質問項目

チーム・コミットメントは、ものそのものへの責任感や自己同一化を測る概念で、どれだけチームの成果に同一化しているかを問う質問項目を設定した[19]。

表13：チーム・コミットメントを構成する質問項目（クロンバックのα係数 0.683）

Q10_良いものをつくれるのであれば、長時間労働も苦にならない
Q11_良いものをつくれるのであれば、周りからの評価は気にならない
Q55_ものづくりの楽しさは、その会社にとどまる重要な要因である
Q56_やりがいのある仕事に恵まれるのであれば、この会社で働き続けたいと思う
Q60_会社にとって重要かつ責任ある仕事を任されるのであれば、この会社で働き続けたいと思う

⑤ チームへの定着意思を構成する質問項目

チームへの定着意思は、チームに対する帰属意識を測る質問項目を設定した。

表14：チームへの定着意思を構成する質問項目（クロンバックのα係数 0.591）

Q20_チームメンバーから、仕事の成果につながるサポートや配慮を受けた時にチームへの愛着が向上する
Q21_チームメンバーから、仕事に直接かかわらないサポートや配慮を受けた時にチームへの愛着が向上する
Q55_ものづくりの楽しさは、その会社にとどまる重要な要因である

⑥ チーム認知の向上を構成する質問項目

チーム認知の向上は、チーム基盤での創発的なものづくりが、成果を達成する上でいかに重要であるかを認知している程度を測る質問項目を設定した。

表15：チーム認知の向上を構成する質問項目（クロンバックのα係数 0.752）

Q13_チームメンバーの中で目標が共有されていると感じる
Q31_チーム内で意見の相違を改善するよう気を配っている
Q38_同僚の職務の達成度に貢献している
Q39_同僚の職務に対する意欲の向上に役立っている
Q32_チームでの協働は、良いものづくりのためには特に重要である

---

19 ここでは、コミットメントを対象への責任感や同一化と捉え、帰属意識に直結する愛着とは区別して考える。注14参照。

⑦ **自身の専門性の発揮を構成する質問項目**

　自身の専門性の発揮は、チームの中で自身が専門性や創造性を発揮できていると感じている程度、そしてその役割に納得している程度を測る質問項目を設定した。

　なお、前項で検討した「役割の納得感」については、専門性の発揮の構成要素であると解釈し Q12 を本項目に統合した。質問項目の信頼性分析を行った結果、統合後のクロンバックの α 係数は 0.424 であり、Q12 の削除やその他項目の追加を検証しても α の値は大きく変わらなかった。結果、質問項目設定の妥当性に対する疑問が残ったが、探索的な研究である背景を加味し本研究としては問題ないとして研究を進める。

表 16：自身の専門性の発揮（クロンバックの α 係数 0.424）

Q12_チーム内での自身の評価や役割に納得感がある
Q37_日常的に自身の職務能力を高める自己研鑽を実行している
Q28_同僚の発案には、自らのアイデアを上乗せするよう心掛けている

　ここまでの合成変数の平均値、標準偏差、クロンバックの α 係数をまとめると以下のとおりである。

表 17：各数値のまとめ

概念	平均値	標準偏差	クロンバックのα係数
創発行動	3.96	1.00	0.847
配慮行動	3.91	0.98	0.865
チーム・エンゲイジメント	3.17	1.45	0.793
チームでつくるものへのコミットメント	3.54	1.51	0.683
チームへの定着意思	3.58	1.49	0.591
チーム認知の向上	3.86	1.24	0.752
自身の専門性の発揮	3.70	1.11	0.424

(3) 重回帰分析①の結果

 以上の内容について、分析フレームワーク（図15）に沿って重回帰分析を実施した。それぞれの分析結果を以下に示す（有意確率：†: P<0.1, *: P<0.05, **: P<0.01）。

① 創発行動と配慮行動がチーム・エンゲイジメントに与える影響

表18：チーム・エンゲイジメントの規定因に関する重回帰分析結果

	標準化係数β	t値
(定数)		-0.064
配慮行動	0.030	0.158
創発行動	0.506	2.643 *
R^2	0.264	

 チーム・エンゲイジメントに対して創発行動が有意な正の影響を与えていた。また配慮行動は有意ではなく、創発行動の方が強い正の影響を与えることが示された。

② 創発行動と配慮行動がチーム・コミットメントに与える影響

表19：チーム・コミットメントの規定因に関する重回帰分析結果

	標準化係数β	t値
(定数)		3.362 **
配慮行動	-0.159	-0.729
創発行動	0.381	1.744 †
R^2	0.066	

 チーム・コミットメントに対して創発行動が10%水準ではあるが有意な正の影響を与えることが示された。また、非有意であるが、配慮行動は負の影響を与える可能性が示唆された。チーム・コミットメントに対しては、配慮行動よりも創発行動の方が強い正の影響を与えると考えられる。

③ 創発行動と配慮行動が組織コミットメントに与える影響

表20:組織コミットメントの規定因に関する重回帰分析結果

	標準化係数β	t値
(定数)		0.637
配慮行動	0.266	1.252
創発行動	0.087	0.411
R^2	0.118	

組織コミットメントに対して、創発行動よりも配慮行動の方が強い正の影響を与える可能性が示唆されたが、それらは統計的に有意ではなかった。

④ チーム・エンゲイジメントとチーム・コミットメントがチームへの定着意思に与える影響

表21:チームへの定着意思の規定因に関する重回帰分析結果

	標準化係数β	t値
(定数)		1.652 *
チーム・エンゲイジメント	0.394	5.435 **
チーム・コミットメント	0.603	8.317 **
R^2	0.617	

チームへの定着意思に対して、チーム・エンゲイジメント、チーム・コミットメントはいずれも1%水準で有意な正の影響を与えていた。また、両者のうち、チーム・コミットメントがより影響を与えることが示された。

⑤ 自身の専門性の発揮とチーム認知の向上が創発行動に与える影響

表22:創発行動の規定因に関する重回帰分析結果

	標準化係数β	t値
(定数)		3.494 **
チーム認知の向上	0.599	9.084 **
専門性の発揮	0.398	6.031 **
R^2	0.751	

創発行動に対して、専門性の発揮とチーム認知の向上はいずれも1%水準で有意な正の影響を与え、チーム認知の向上がより強い正の影響を与えることが示された。

（4）分析結果のまとめ

以上の分析結果を分析フレームワークに反映すると以下のとおりとなる（図17）。

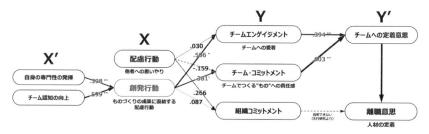

図17：分析フレームワークの重回帰分析結果
（有意確率：†：P<0.1, *；P<0.05, **；P<0.01）

　チーム・エンゲイジメントや組織コミットメントに対して配慮行動が与える影響は小さく、チーム・コミットメントに対して負の影響を与えることが示唆された。これは、成果に対する責任感や同一化に対して、配慮行動はあまり良い影響を与えない可能性を示しており、他者への単純な思いやり行動はチームの成果という観点からは負の影響すら与える可能性を示している。一方、創発行動は、チーム・コミットメントに対してβ=.381、チーム・エンゲイジメントに対してβ=.506と有意な正の影響を与えることが示された。この結果は、インタビュー調査の内容とも一致している。また、チーム・エンゲイジメントの向上とチーム・コミットメントは、チームへの定着意思に対してそれぞれβ=.394 .603と有意な正の影響を与えることが示された。ここから、インタビュー調査と同様、チーム・エンゲイジメントとチーム・コミットメントの向上は、チームへの定着意思につながることが示された。

（5）概念ごとの因子分析の結果

　ここから更に、分析フレームワークの「創発行動」「配慮行動」「自身の専門性の発揮」「チーム認知の向上」のそれぞれの合成変数（概念）の具体的な内容を理解するために、合成変数ごとに因子分析を実行し、因子ごとに更

なる概念を構成した。

① 創発行動
表 23：創発行動の因子分析結果

	因子1	因子2
Q44_ チーム全体の創造性の向上に貢献している	0.971	0.201
Q45_ チームから生み出される成果の最大化（より良い建物を作ること）に貢献している	0.749	0.445
Q34_ 課題を成し遂げるために創造性を発揮し続けている	0.663	0.249
Q30_ チーム内の職務が円滑に進むような創造的なアイデアを提案している	0.546	0.356
Q41_ 同僚の創造的なアイデアの創出に貢献している	0.532	0.329
Q27_ 同僚に対してアイデアや意見を提供している	0.284	0.711
Q33_ ものづくりにおいて、同僚へのサポートや配慮行動は重要な役割を果たす	0.145	0.487
Q23_ 評価されなくても、仕事の成果の最大化につながるのであれば同僚への配慮行動を実行する	0.212	0.411

　第1因子は創発行動の中でも特に創造性に直接寄与する質問項目であるため、「創発行動1（創造型）」と命名した。第2因子は成果の追及に特化した質問項目であるため、「創発行動2（成果追求型）」と命名した。因子1, 2のクロンバックの α 係数はそれぞれ 0.869, 0.592 であった。

② 配慮行動
　第1因子は配慮行動の中でもチームで起きた問題の解決や問題を未然に防ぐ行動に寄与する質問項目であるため、「配慮行動（問題解決）」と命名した。第2因子は主に仕事の成果にかかわらない同僚への支援行動に寄与する質問項目であるため、「配慮行動（同僚支援）」と命名した。因子1, 2のクロンバックの α 係数はそれぞれ 0.843, 0.823 であった。

表 24：配慮行動の因子分析結果

	因子1	因子2
Q43_ チーム全体の学習の向上に役立っている	0.791	0.274
Q29_ チーム内で生じた問題やトラブルを率先して解決しようとしている	0.758	0.190
Q35_ 率先して仕事の問題を解決している	0.708	0.152
Q42_ チーム全体の職務の効率化に役立っている	0.692	0.227
Q40_ 同僚の成長や学習の向上に役立っている	0.502	0.200
Q25_ 職務上の問題を抱える同僚を支援したり勇気づけている	0.112	0.867
Q26_ 自発的に職場内の同僚を支援している	0.288	0.740
Q24_ 同僚が仕事に関わる問題を解決できるよう進んで援助している	0.154	0.677
Q22_ 評価されなくても、組織のためになる行動をしている	0.398	0.505
Q36_ 与えられた役割以上に一生懸命働いている	0.269	0.485

③ 自身の専門性の発揮

自身の専門性の発揮は1因子という結果となったため、そのままの概念を使用する。前述のとおり、因子のクロンバック α 係数は 0.424 と低く、質問間の相関も低いため、質問表の妥当性については疑問が残る結果となった。その要因としては、質問内容の言葉の曖昧さにあると考えられる。Q37 は自身の専門性を日常的に高める意識の程度を問う質問とし、Q28 は同僚に対して自身の専門性をアイデアという形で付加している程度を問う意図で設定したが、専門性を問う質問として曖昧さは否めず、今後の課題として残された。

④ チーム認知の向上

チーム認知の向上は1因子という結果となったため、そのままの概念を使用する。因子のクロンバック α 係数は 0.752 であった。

以上の分析結果を分析フレームワークに反映すると以下のとおりとなる（図18）。

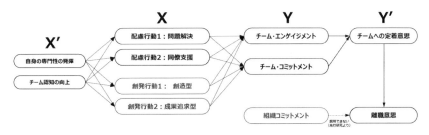

図 18：詳細分析フレームワーク

(6) 重回帰分析 ② の結果

以上の内容について、詳細分析フレームワークに沿って重回帰分析を実施した。それぞれの結果を以下に示す

（有意確率：†: $P<0.1$, *: $P<0.05$, **: $P<0.01$）。

① 創発行動と配慮行動がチーム・エンゲイジメントに与える影響
表 25：チーム・エンゲイジメントの規定因に関する重回帰分析結果②

	標準化係数β	t 値
(定数)		-0.240
配慮行動1（問題解決）	-0.013	-0.067
配慮行動2（同僚支援）	0.031	0.206
創発行動1（創造型）	0.349	1.790 †
創発行動2（成果追求型）	0.246	1.645 †
R^2		0.247

　チーム・エンゲイジメントに対して、10％水準ではあるが、創発行動がいずれも有意な正の影響を与えていた。また、配慮行動1（問題解決）の $β$ は優位ではないが負の値をとっていた。このように、チーム・エンゲイジメントに対しては、全体として配慮行動よりも創発行動の方が影響を与えることが示された。

② 創発行動と配慮行動がチーム・コミットメントに与える影響
表 26：チーム・コミットメントの規定因に関する重回帰分析結果②

	標準化係数β	t 値
(定数)		2.444 *
配慮行動1（問題解決）	-0.161	-0.761
配慮行動2（同僚支援）	-0.073	-0.437
創発行動1（創造的）	0.117	0.540
創発行動2（成果追求）	0.405	2.447 *
R^2		0.123

　チーム・コミットメントに対して、創発行動1（創造型）は非有意であるが正の影響、創発行動2（成果追求型）は5％水準で有意な正の影響があることが示された。また、非有意であるが、配慮行動はいずれも負の影響を与える可能性があり、全体として配慮行動よりも創発行動の方が強い正の影響を与える可能性が示された。

③ チーム・エンゲイジメントとチーム・コミットメントがチームへの定着意思に与える影響

表 27：チームへの定着意思の規定因に関する重回帰分析結果②

	標準化係数β	t 値
(定数)		1.652 †
チーム・エンゲイジメント	0.394	5.435 **
チーム・コミットメント	0.603	8.317 **
R^2		0.617

　チームへの定着意思に対して、チーム・エンゲイジメント、チーム・コミットメントはいずれも 1%水準で有意な正の影響を与え、チーム・コミットメントがより強い正の影響を与えることが示された。

④ チーム認知の向上と専門性の発揮が創発行動と配慮行動に与える影響
④-1 創発行動 1（創造型）
表 28：創発行動 1（成果追求型）の規定因に関する重回帰分析結果②

	標準化係数β	t 値
(定数)		0.545
チーム認知の向上	0.478	6.370 **
専門性の発揮	0.476	6.341 **
R^2		0.677

　創発行動 1（創造的）に対して、チーム認知の向上と専門性の発揮はいずれも 1%水準で有意な正の影響を与えることが示された。

④-2 創発行動 2（成果追求型）
表 29：創発行動 2（成果追求型）の規定因に関する重回帰分析結果②

	標準化係数β	t 値
(定数)		5.442 **
チーム認知の向上	0.635	6.661 **
専門性の発揮	0.117	1.228
R^2		0.479

創発行動2（成果追求型）に対して、チーム認知の向上が1%水準で有意な強い正の影響があることが示された。また、非有意ではあるが専門性の発揮は正の影響を与えることが示された。

④-3 配慮行動1（問題解決）
表30：配慮行動1（問題解決）の規定因に関する重回帰分析結果②

	標準化係数β	t値
（定数）		1.934 *
チーム認知の向上	0.477	5.300 **
専門性の発揮	0.374	4.155 **
R^2	0.536	

配慮行動1（問題解決）に対して、チーム認知の向上、専門性の発揮はいずれも1%水準で有意な強い正の影響があり、チーム認知の向上がより強い影響を与えることが示された。

④-4 創発行動2（同僚支援）
表31：配慮行動2の規定因に関する重回帰分析結果②

	標準化係数β	t値
（定数）		4.634 **
チーム認知の向上	0.631	6.252 **
専門性の発揮	0.050	0.497
R^2	0.417	

配慮行動2（同僚支援）に対して、チーム認知の向上は1%水準で有意な強い正の影響があることが示された。また、非有意ではあるが専門性の発揮は正の影響を与えることが示された。

以上の分析結果を分析フレームワークに反映すると以下のとおりとなる（図19）。

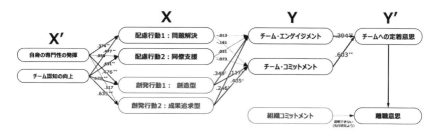

図19：詳細分析フレームワークの重回帰分析結果
（有意確率：†：P<0.1, *：P<0.05, **：P<0.01）

分析結果のまとめと考察

(1) 分析結果のまとめ

　分析フレームワーク（図17）並びに詳細分析フレームワーク（図19）について、重回帰分析の結果はインタビュー調査の内容とおおむね一致する結果となった。また、詳細分析フレームワークによって創発行動と配慮行動の具体的な内容に対しても検証を加えた結果、インタビュー調査の更なる深掘りへとつながった。チームへの定着意思がどのように離職意思の抑制に作用しているかについては、インタビュー調査②で明らかにする。

(2) 仮説の検証

　アンケート調査において設定した仮説と、その検証結果について以下に示す。

仮説①：建設業のコンテクストにおいて、ものづくりの創発性を向上させる創発行動は組織へのコミットメントよりも、チーム・エンゲイジメントとチーム・コミットメントにより強い影響を与える。

　配慮行動と比較して、創発行動がチーム・エンゲイジメントとチーム・コミットメントに有意な正の影響を与えることが示され、仮説①は支持された。また、非有意ではあるが組織コミットメントに対しては弱い正の影響があり、チーム・エンゲイジメントやチーム・コミットメントほど影響があるとは言

えない可能性が示された。

　詳細分析フレームワークにおいては、創発行動はいずれもチーム・エンゲイジメント、チーム・コミットメントに有意な正の影響を与えることが示された。特に、創発行動1（創造型）がチーム・エンゲイジメントに、創発行動2（成果追求型）がチーム・コミットメントに有意な強い正の影響を与えることが示された。配慮行動については、非有意ではあるがものへのコミットメントに負の影響を与えることが示された。この結果から、単純な配慮行動ではチーム・エンゲイジメントもチーム・コミットメントも高まらず、ものづくりの成果を向上させる創発行動にこそ、チームへの帰属意識やチームでつくるものへの同一化につながることが示された。

仮説②：「創発行動」の程度が高まる条件は、自身の専門性を発揮できること、
　　　　チームとしての協創の意識、すなわち創発性に対する正しいチーム
　　　　認知を持つことである。

　自身の専門性の発揮とチーム認知の向上が創発行動に有意な正の影響を与えることが示され、仮説②は支持された。特に、自身の専門性の発揮と比較してチーム認知の向上により強い影響があることが示された。

　詳細分析フレームワークにおいても、仮説②はおおむね支持されたが、自身の専門性の発揮が創発行動1（創造型）に与える影響は非有意となり、他の関係性と比較しても弱い影響であることが示された。その要因として質問票設定の妥当性の課題が残された。インタビュー調査では、役割への納得感によって自身の立ち位置が明確となり、その結果ものづくりの創発的な性質に意識が向くことで創発行動が促進されることが示された。アンケート調査で同様の結果が出なかった理由として、自身の役割に納得してしまうことで、自己に対する心理的活性化が悪いエンゲイジメントになるケースが考えられる。質問票において、役割の納得感に対する個別の質問項目を設定した上で個別概念化し、自身の専門性の発揮についての質問を適切な内容とすることで分析の精度が向上する可能性が考えられ、この点は今後の研究課題として残された。

仮説③：チーム・エンゲイジメントとチーム・コミットメントの程度が高まると、チームへの定着意思の程度が高まる。

　チーム・エンゲイジメントとチーム・コミットメントは、いずれもチームへの強い定着意思に1％水準で有意な正の影響を与えることが示され、仮説③は支持された。特に、チーム・コミットメントがより強い影響があることが示された。

(3) 分析結果の考察

　以上の結果より、チームへの帰属意識やチームでつくるものへの責任感には、創発行動が強い影響を与えることが明らかとなった。また、分析フレームワークはアンケート調査によって定量的にもおおむね支持されたと言える。詳細分析フレームワークにおいては、以下の点でインタビュー調査との違いが示された。

　インタビュー調査において、最も影響が強いと考えていたパスは「チーム認知の向上→創発行動1.2→チーム・コミットメント」であったが、創発行動からのパスがやや低かった点と、創発行動1（創造型）がチーム・コミットメントよりもチーム・エンゲイジメントに強く作用していることが示された点に違いが見られた。その要因として、実際に創発行動がチーム・コミットメントよりもチーム・エンゲイジメントに強く作用しているケースが考えられる。その理由はつくられるものそのものよりも、ものづくりのプロセスに対して強い想いを感じている従業員が一定数いることを示している。成果の最大化も重要であるが、そのプロセスも重視されており、プロセスにおいて自身がどのような役割を果たし、どのような経験を積むのかが重要な要素となることが示唆されている。

4-3. 更なる定性調査（インタビュー調査②）の概要

　前項までの結果を踏まえ、離職者3名に更なるインタビューを実施して調

査を補完する。主に下記の2点についてインタビュー調査②を行った。

1点目は、チームへの定着意思が、組織への定着意思に与える影響についてである。チームへの強い定着意思があれば、その上位集団である組織への定着意思も強くなるのは自明のように思われる。しかし、チームへの定着意思がどのように組織に作用するのかを調査することは意義があると考えた。

> ▶メンバーへの愛着は組織への定着に必然的につながっていくものだと思う。A社では正直メンバーへの愛着はなかった。自分が全部できる気になっていた。勘違いしていた部分もあると思う。メンバーへの愛着が持てたら会社に残っていた可能性はあったんじゃないかと今では思う(C)。

> ▶離職を考え始めた時、その時のメンバーともう少し一緒にプロジェクトをやりたいと考えて会社に残ることを決めたが、チームが変わってからこだわりがなくなったというか、もういいかなという気分になった。後輩や同僚に対しては愛着があり、辞めるのは申し訳ないという気持ちもあったが、組織に対してはそう思えなかった。(G)

2点目は、ものづくりの創発性の認識についてである。創発性の重要性に対して、その性質を正しく認識して仕事を進めている従業員は多くない可能性があり、その観点について深堀することは意義があると考えた。

> ▶創発的なものづくり自体は非常に楽しいことなのに、それを阻害する要因が多すぎると思う。協力会社の人や職人さんなんかは結構楽しそうにやってるけど、ものづくりの川上に行くほど楽しさが無くなってしまってるのが今の総合建設業かもしれない。(C)

> ▶創発性については理解できるけど、当時の自分を振り返ってみると下の子に期待していなかったと思う。アシスタントな感じで考えてた。自分自身が何をやるのかが分かっていなかったのと、任せて失敗した

ときにフォローする余裕と時間がなかった。失敗のないタスクを任せていたので、あまり仕事が楽しくなかったんじゃないかと今となっては思う部分もある。（D）

▶仕事でチームとして成果を出していくためには、責任の分担が重要だと思っている。それがあると、自分ができないことは人に任せることができて、役割分担や仕事の流れがクリアになる。特にコミュニケーションが重要で、仕事をしているとどうしても孤立することがある。自分がどのようなポジションで何をしているかが分からない時があるんだよね。自身もそう感じてたんだけど、それって人に説明して実感を持ってもらうことは難しいじゃん。普段から理解される関係性を作っておくことが大事だと思う。（C）

　以上から、創発性はその重要性が理解されていながらも、業務の多忙さから創発性を発揮するチーム形成にまで労力を割くことができない状況がうかがえる。個人の創発性に対する意識は当然に重要であるが、創発性を高める環境の構築には個人の力では限界がある。そのため、個人が周囲を巻き込むことに意識を向けられるような、チーム・組織単位での業務量のコントロールや適切な人員配置などの人的資源マネジメントが重要となる。仕事に忙殺されることで周囲を巻き込むことができなくなり、チームの創発性が失われ、価値向上の機会損失や人材流出につながるマネジメントの不具合による組織的な損失の様態が示された。

5. B 社の人材定着マネジメントへの適用

　本研究は業界のトップランナーである A 社で起きている問題を、建設業界全体の課題として捉え、B 社のマネジメントへの適用可能性を検証することを目的としている。A 社と B 社の比較という観点において、比較対象と

してはその規模や背景が異なるため、理論的には問題を含んでいる可能性がある。しかしながら、同じ建設業であり、その業界の特殊性から勘案して、参考となる慣行や現象は多いと考えられる。その観点から、規模や企業の背景の差は無視できるとは言えないまでも、研究目的に照らせばさしたる異同とならないと言える。加えて、B社のマネジメントへの適用を考えた場合、B社と同規模かつ同業種の企業を選ぶのが望ましいと言えるが、自身のデータのアクセシビリティなどの制約があり、A社のデータを用いることも一定程度まで許容されるとした上で分析を続ける。

5-1. A社とB社の比較

定性的比較

　B社へのインタビュー調査は、2023年7月13日から7月27日の間に実施した。インタビュー時間は一人当たり45～60分とし、質問項目は事前に質問票を用意するが、インタビューの内容によって柔軟に質問内容を変化させる半構造化インタビュー形式で行った。インタビューはすべて対面で実施し、録音の上その発言内容の理解に齟齬が無いよう発言の意図を逐次確認しながら実施した。質問項目はA社インタビューと同様である（表1参照）。インタビュー対象として、入社10年目までの若手社員5名（a～e）と、入社15年目前後の中堅社員5名（A～E）を対象とした。以下にインタビューの具体的な内容について述べる。

　A社の従業員は、採用時点で建設業に対する高い意欲を持っていることがインタビューから明らかにされている。一方B社は、採用時にその背景はそれほど重視せず広く採用活動を行っているため、入社時点では建設業に対する想いや動機づけはそれほど高くないケースがあり、入社後に経験を積むことで、徐々に建設業への想いを強めていく点が特徴的である。特に、現場経験を経た入社3～5年目頃から、建設業に対する想いが強まっていくことがインタビューで示された。

B社における仕事に対する強い想い、すなわちワーク・エンゲイジメント尺度の平均点は3.45点（活力3.38、熱意3.75、没頭3.21）であり、A社の3.47点（活力3.12、熱意3.81、没頭3.52）と比較しても同水準であった。この数値は、リクルートマネジメントソリューションズ実施2019年調査による2.62点、労働政策・研修機構実施2019調査による3.42点を上回る結果であり、B社においても社員の仕事に対する思いは平均して高いことが示された。インタビューにおいても、建設業がつくりだすものの社会的な意義やその重要性が語られ、建設業のものづくりに対する強い想いが語られていた。

▶B社に入社した時は建設業に対しては正直特に強い想い入れはありませんでした。入社して数年は辞めようかなと思ったことも何度もあります。でも自分が担当した現場が完成した時、何もできなかった自分が周りの人たちに助けられてなんとか完成した現場を見て、すごく感動しました。その時にもう少し続けてもいいのかなと思って、結局気づいたら今まで続いてます。(c)

▶社会資本整備などで災害の時に頼りにされることへの仕事のやりがいを感じている。大変ではあるが、その分のやりがいがある。私の場合は自分で考えて仕事をしているという意識が強いので、その分仕事への愛着が強くなっているんじゃないかと思う。(A)

▶大学時代にインターンで現場に入り、何もないところからものを作っていくこと、目に残ってくることにかなり強いやりがいを感じました。地元で自分たちが普段使うような道路をつくっているというのも、やりがいにつながっています。(a)

　インタビュー調査の中で、きっかけは様々であったが、いずれも実務を通して仕事への想い入れが強くなっている傾向が見られた。一方で、仕事の複雑性や業界の問題点、創発的な性質が阻害されている要因についても語られ

ており、対応しなければならない根強い課題として存在している。

▶建設業は仕事に対する明確な正解が見えない。責任範囲が明確じゃない点は仕事の難しさだと感じる。若いうちはその部分が見えてこないので、仕事を進める上で判断に迷う部分になっていると思う。建設業で一人前というか、一人で現場を回せるようになるまでに時間がかかるのはその辺が大きいのではないか。（A）

▶入社してすぐに上司から工程表を書けと言われ、ネットで調べながらやってみたけど何が分からないかがそもそも分からない状態で大変な思いをした。建設業はそんな感じのことがとにかく多い。（b）

　加えて、自身の専門性やチーム認知が不足していることによる創発性の低下が見られており、A社と同様今後解決が必要な課題であることが示されている。

▶上の人が下の人をチームの一員として認識していないと軍隊みたいな感じになってしまいますね。40代はできる人が多いので、その人たちがずっと1番手でやり続けるのではなく、サポートに回ることができると若い人が育つんじゃないかと思います。（b）

▶裁量を持たされて、自分で考えながらやっている時は仕事は楽しいです。人によっては管理されすぎてしまうこともあって、完全に管理されてしまうと息苦しくなります。（c）

▶チームという考えはあまりないです。自身のやり方を変えたくないので、部下に対しても自身の経験の範囲内での最適解を求めてしまう。よくないとは思っているけど、これまでそのようにやってきているのでなかなか変えることができない。（B）

▶チームで一つのものを作るという感覚はあまりないです。一緒に物を作っているというよりは、早く仕事を任せられるようになってほしい、一人で仕事できるようになってほしいっていう、下を育てないといけないと思っています。(D)

　インタビューからは、若手とベテランのいずれの立場からも、創発的なものづくりの性質は明示的ではないが理解されており、ものづくりのあり方として他者とのかかわり合いによる創発性が重要であることは認識されていることが読み取れた。それでも、自身のやり方へのこだわりや、効率的に業務を進めようという意識、若手に仕事を任せることに対して思い切りが持てない、若手の失敗に対して責任を取りたくないなど、実務的な背景から創発的なものづくりに踏み切れない心理状態が読み取れた。

▶若手の主体性がなく、上の判断を待っているような状況では仕事は楽しくない。かと言って若手の上げてくる提案に対しては自分の意見を通してしまうので、そのような状況が若手から意見を出にくくしているんじゃないかという自覚はある。下の意見を取り入れて、下から提案がどんどん出てくる空気感を作らなければならないということは理解しているが…。(C)

▶間違えた時に頭ごなしに言われたり、意見を言って否定されると当然モチベーションが下がります。その経験があるので、下が間違えた時はきちんと理解できるように順序だてて説明するようにしています。自分がそうされた時に納得感がありましたので。(b)

▶若手の意見もそうですが協力会社の意見を聞いて「こうしたいけどどうか？」という話をすると現場が良くなっていくし、周りもどんどん意見を言ってくれるようになる。現場として良い成果を上げていこうと思うなら、人の良い所を見ていくことが大事だと思う。(d)

B社の特徴としてベテランによる若手社員の育成意欲が高く、人を育てようという意識が高いことが分かる。しかし、前述の通り人の育成と創発性は相いれないこともあり、それがチームの一員として正しく認識されていない心理状態につながる可能性が考えられる。先行研究の知見から、人材育成に最適なマネジメントはモジュール型であり、創発性を高めるために最適なマネジメントはインテグラル型であることが示されており、その両立は今後継続的に検討が必要な課題であると言える。

定量的比較

　A社と同様の条件のもと、B社に対するアンケート調査を行った結果の記述統計が表32のとおりである。回答の母数はすべてN=47である。

　平均値の高かった回答はQ32（平均4.96・標準偏差0.78）、Q50（平均4.89・標準偏差0.98）、Q33（平均4.70・標準偏差0.91）の順序となった。この結果から、自身の仕事が社会にとって意義があるという認知が十分になされていること、ものづくりの成果を高めるためにはチームでの協創が重要であるという認知がなされていることが理解できる。この上位3項目はA社と同じであり、建設業に従事する人材の共通する心理状態であることが示唆されている。

　平均値が低かった回答はRQ18（平均2.19・標準偏差1.26）、RQ17（平均2.23・標準偏差1.22）、RQ16（平均2.38・標準偏差1.41）の順序となり、A社と比較して会社に対する帰属意識が低いという結果となった。その要因として考えられるのは、採用時の会社に対する想い入れの有無であろう。A社では入社を強く希望し、厳しい採用条件を勝ち抜いた人材が多い一方で、B社の人材は入社時点では会社へのこだわりはそれほど強くない。B社でキャリアを積むことで会社への帰属意識は高まるが、40代をピークに50代の平均スコアの低下も見られ（Q17：平均2.19, Q16：平均2.27）、特定の傾向を読み取ることができなかった。RQ16, RQ17, RQ18が高いスコアとなっている要因は、離職要因としてあげたものづくりが楽しくないケースや飽き・マンネリなど仕事に発展性を感じていない状況が考えられる。特にアンケート調

査における 50 代のスコアが著しく低く、年齢を経るごとに離職要因となる RQ16, RQ17 の 2 項目のスコアは低下する。若手社員にかかわらず、帰属意識が低下している従業員に創発性に積極的にかかわってもらうことは、B 社のみならず建設業界にとって重要な課題であると言える。

A 社で平均値が低かった項目は、Q51（平均 2.21・標準偏差 1.84）、Q49（平均 2.23・標準偏差 1.78）、Q54（平均 2.28・標準偏差 1.52）であるが、B 社においては Q51（平均 3.13・標準偏差 1.53）、Q49（平均 2.57・標準偏差 1.64）、Q54（平均 3.68・標準偏差 1.35）と異なる傾向が読み取れた。この結果から、B 社は会社に対する帰属意識が低い反面、従業員は会社に対してコミットメントを持っており、会社に尽くそうという気持ちは平均して高いことが読み取れた。

表 32：アンケート質問項目の記述統計（A 社と B 社の比較）

項目	質問内容	A 社 平均値	A 社 標準偏差	B 社 平均値	B 社 標準偏差
Q1	仕事をしていると、活力がみなぎるように感じる	3.32	1.08	2.83	1.45
Q2	職場では、元気が出て精力的になるように感じる	3.12	1.04	1.09	0.28
Q3	仕事に熱心である	3.86	1.09	3.51	0.98
Q4	仕事は、私に活力を与えてくれる	3.26	1.14	3.23	1.05
Q5	朝に目が覚めると、さあ仕事に行こう、という気持ちになる	2.56	1.25	3.62	0.87
Q6	仕事に没頭しているとき、幸せだと感じる	3.04	1.13	3.45	0.93
Q7	自分の仕事に誇りを感じる	3.97	1.18	3.11	1.18
Q8	私は仕事にのめり込んでいる	3.46	1.02	2.68	1.24
Q9	仕事をしていると、つい夢中になってしまう	3.74	1.16	3.87	1.13
Q10	良いものをつくれるのであれば、長時間労働も苦にならない	3.03	1.60	3.13	1.12
Q11	良いものをつくれるのであれば、周りからの評価は気にならない	3.23	1.32	3.36	1.13
Q12	チーム内での自身の評価や役割に納得感がある	3.45	1.26	3.21	1.35
Q13	チームメンバーの中で目標が共有されていると感じる	3.40	1.39	3.38	1.15
Q14	私は残りのキャリアをこのチームで過ごすことができるならばとても幸せだ	2.56	1.51	3.60	1.39
Q15	私はチームの問題を自分のことのように感じる	3.73	1.31	3.70	1.35
RQ16	私はチームに対して、強い「所属している感覚」を持っていない（逆転項目）	3.03	1.52	3.70	1.32
RQ17	私はチームに対して「感情的な愛着」を抱いていない（逆転項目）	3.21	1.41	3.96	1.28
RQ18	私はチームに対してファミリーの一員であるとは感じていない（逆転項目）	3.28	1.43	3.62	1.41
Q19	このチームは私にとって、会社で仕事をしていく上できわめて大きな意味を持っている	3.58	1.49	3.77	1.22
Q20	チームメンバーから、仕事の成果につながるサポートや配慮を受けた時にチームへの愛着が向上する	4.18	1.14	3.81	1.26
Q21	チームメンバーから、仕事に直接かかわらないサポートや配慮を受けた時にチームへの愛着が向上する	3.83	1.23	4.23	1.13
Q22	評価されなくても、組織のためになる行動をしている	3.90	1.19	4.38	1.07
Q23	評価されなくても、仕事の成果の最大化につながるのであれば同僚への配慮行動を実行する	4.22	0.93	3.94	1.17
Q24	同僚が仕事に関わる問題を解決できるよう進んで援助している	4.14	0.78	4.15	1.00

Q25	職務上の問題を抱える同僚を支援したり勇気づけている	4.06	0.69	4.38	0.80
Q26	自発的に職場内の同僚を支援している	3.82	1.02	4.11	0.87
Q27	同僚に対してアイデアや意見を提供している	3.87	0.94	4.04	0.86
Q28	同僚の発案には、自らのアイデアを上乗せするよう心掛けている	3.81	0.82	3.83	1.15
Q29	チーム内で生じた問題やトラブルを率先して解決しようとしている	3.83	1.00	3.94	1.26
Q30	チーム内の職務が円滑に進むような創造的なアイデアを提案している	3.73	1.02	3.45	0.90
Q31	チーム内で意見の相違を改善するよう気を配っている	3.86	1.16	3.79	1.30
Q32	チームでの協働は、良いものづくりのためには特に重要である	5.00	0.82	3.45	1.16
Q33	ものづくりにおいて、同僚へのサポートや配慮行動は重要な役割を果たす	4.72	0.87	3.91	0.95
Q34	課題を成し遂げるために創造性を発揮し続けている	3.83	0.96	4.96	0.78
Q35	率先して仕事の問題を解決している	4.10	0.95	4.70	0.91
Q36	与えられた役割以上に一生懸命働いている	4.17	0.96	3.60	0.97
Q37	日常的に自身の職務能力を高める自己研鑽を実行している	3.78	1.20	3.79	1.00
Q38	同僚の職務の達成度に貢献している	3.63	1.03	3.96	1.00
Q39	同僚の職務に対する意欲の向上に役立っている	3.49	1.02	3.66	0.98
Q40	同僚の成長や学習の向上に役立っている	3.74	0.92	3.85	0.96
Q41	同僚の創造的なアイデアの創出に貢献している	3.65	0.92	3.47	0.93
Q42	チーム全体の職務の効率化に役立っている	3.82	0.98	3.47	1.00
Q43	チーム全体の学習の向上に役立っている	3.64	1.01	3.30	0.91
Q44	チーム全体の創造性の向上に貢献している	3.77	0.97	3.85	1.14
Q45	チームから生み出される成果の最大化（より良い建設物を作ること）に貢献している	4.06	0.97	3.43	1.16
Q46	建設業の仕事が好きなので、この先も続けたい	4.12	1.46	3.34	1.07
Q47	私にとっての建設業の仕事は、ライフワークとして理想的な仕事である	3.49	1.60	3.60	1.01
Q48	他の職場に移っても、建設業に関わって働きたい	3.73	1.62	4.45	1.16
Q49	給料が下がっても、建設業の仕事を続けたい	2.23	1.78	3.87	1.38
Q50	建設業の仕事は、社会に貢献する意義のあるものである	4.76	0.98	3.66	1.70
Q51	会社にとって必要なことであればどんな仕事でも、どんな勤務地でも頑張ることができる	2.21	1.84	2.57	1.64
Q52	会社の評判や業績が自分のことのように気になる	2.58	1.51	4.89	0.98
Q53	会社の一員であることに強い誇りを持っている	3.31	1.57	3.13	1.53
Q54	会社に尽くそうという気持ちが人一倍強いと思う	2.28	1.52	3.89	1.26
Q55	ものづくりの楽しさは、その会社にとどまる重要な要因である	3.78	1.61	4.34	1.05
Q56	やりがいのある仕事に恵まれるのであれば、この会社で働き続けたいと思う	4.36	1.24	3.68	1.35
Q57	昇進の見込みが高いのであれば、この会社で働き続けたいと思う	3.08	1.53	4.09	1.21
Q58	仕事を通して自身が成長できるのであれば、この会社で働き続けたいと思う	4.15	1.32	4.47	1.14
Q59	社会的な評価が高いので、この会社で働き続けたいと思う	3.40	1.47	4.02	1.33
Q60	会社にとって重要かつ責任ある仕事を任されるのであれば、この会社で働き続けたいと思う	3.40	1.44	4.49	1.06

5-2. Ｂ社のマネジメントへの応用

　以上の結果をまとめると、Ｂ社従業員は会社に対しての帰属意識を強く自

覚している訳ではない一方で、会社への貢献意欲は平均的に高い。この結果は、その貢献意欲をチームやチームでつくるものに対する貢献意欲に転換していくことで、チームへの定着意思を高め、結果として組織への帰属意識を高めるという本研究の結論につながる。また、貢献意欲の高さに加えて、仕事の成果につながる創発行動への意欲の高さ（Q20, Q23）や、同僚への配慮行動（Q24, Q25）のスコアは高く、チームでの協創の認知は高いことがうかがえる。そこでB社において問題となるのは、若手とベテランの意識の違いである。インタビュー調査から見えたように、創発性に対する考え方は持っていても、行動レベルになると課題を抱えているベテラン社員は多い。また、A社と比較して組織への感情的な責任感や同一化を示す情緒的コミットメント（Q51, Q52, Q53, Q54）のスコアが平均すると1.17点高く、チームへの愛着（Q17, Q18）のスコアが平均すると1.03点低い。これは、より身近な小さな組織であるチームへの愛着を感じていない一方で、組織に対する責任感を強く持っていることを示している。前述のとおり、組織へのコミットメントは責任感や同一化を示すが、それがすなわち組織への離職意思の低さにはつながらない。本研究においても、組織へのコミットメントは離職を十分に説明できないという立場を取っており、B社においてはチームへの愛着を高める施策の実行が急務であることを示している。以上の観点から、特にベテラン社員におけるチーム認知の不足を解決するための認知の向上、そしてそれを具体的な行動につなげること、若手社員の専門性を高める社内教育の充実が、B社における人材定着マネジメントとして必要であると結論付ける。

　具体的なマネジメントとして、組織としてはプロジェクトの取捨選択や創発行動の評価制度を構築し、創発行動を促進する企業体質の構築が必要となる。管理職は組織全体の成果にコミットした上で、チームでの協創のあり方を正しく理解し、成果に直結する具体的な行動を実行することで創発行動を組織全体に伝播していくことが求められる。一般社員は自身の専門性を向上させ、仕事の全体感を理解することで、創発性を理解する基盤をつくっていくことが重要である。

6. 結論とインプリケーション

6-1. 本研究の結論と考察

　本研究は、建設業特有のものづくりのプロセスから、建設業における人材定着マネジメントのあり方を明らかにし、組織の持続的な存続につなげることを目的としている。そのための、具体的な研究課題として3つのリサーチクエスチョン（RQ）を設定し、実証研究を行った。以下にその検証結果を示す。

RQ1：建設業において、仕事に強い想いがある人材が離職を選択するのはなぜか
　協創に対する認知と自己の専門性の不足により、ものづくりの創発性が発揮されず、従業員の離職を誘引している。
　建設業で多く見られる仕事に対して強い想いを持つ人材は、所属企業において自己への心理的活性化が満たされないと判断した際、よりよい環境を求めて離職を選択する。特に、管理者を主としたものづくりの創発的性質への認知の不足と、自己の専門性が足りないことに起因する創発性の不足により、ものづくりの楽しさが失われて離職を誘引する。その際に重視されるのは、自身が将来的に果たすであろう成果の最大化である。

RQ2：建設業の職務特性において、離職意思を抑制する要因は何か
　ものづくりの成果に直結する創発行動が行われることで、チームへの愛着や責任感が促進され、その結果として組織への定着意思が高まる。
　他者とのかかわり合いの中で成果を最大化するチーム、すなわち創発性を高めるチームマネジメントの重要性が示された。部分を担う人材がその役割を理解した上で専門性や創造性を発揮し、管理者が創発性を知覚したマネジメントを行うことで、全体のインテグリティが高まる。その鍵がものづくりの成果を向上させる創発行動であり、通常の配慮行動よりもチーム・エンゲ

イジメントやチーム・コミットメントを促進し、チームへの定着意思を高める。その結果として、離職意思の低下に正の影響を与えることが示された。

RQ3：離職意思を抑制するためには、組織はどのような働きかけを行う必要があるか

製品の創発的な性質をベースとした他者とのかかわり方を組織がデザインし、全体の中で部分の役割を知覚的に発揮できるマネジメントが必要である。

組織に不足しているのは、製品の創発的な性質への理解を基盤とした他者とのかかわり合いと、その中で自身の果たす役割の認知である。若年層に対しては部分としての専門性を高め、その専門性が組織の中で果たす役割を知覚させることが重要である。中堅社員に対しては、創発性によって高まる全体の成果を正しく認識させ、成果の最大化につながる創発行動を促すこと、そして組織はそのための創発的環境を構築することが重要となる。

6-2. 理論的インプリケーション

本研究における理論的インプリケーションは以下3点である。

1点目は、これまで明らかにされていなかった建設業のコンテクストにおける離職要因について、詳細に分析した点である。建設業ではワーク・エンゲイジメントの高さは必ずしも離職の抑制にはつながらず、組織に対して悪い影響を及ぼすケースがインタビュー調査から示され、労働者の意欲と離職のつながりを明確化した。

2点目は、建設業特有のものづくりプロセスに沿った人材定着マネジメントの方向性を示した点である。これまでも、個々の概念についての研究は進められてきたが、それらを建設業のコンテクストに沿って包括的に検証した研究はない。

3点目は、建設業界の今後の人材定着に活用できる理論構築を念頭に研究を進めた点である。建設業における創発的な特性は製品価値に影響する重要な視座であり、創発性の向上が人材定着に有効である可能性を示した。

6-3. 実践的インプリケーション

(1) 創発的な特性の認識
　ものづくりの成果を最大化するための創発的な環境を生み出すには、何よりも創発性に対する理解と行動が重要である。特に管理者は、自身の創発性に対する認識の不足が当人のみならず周囲に対する創発的な環境にかかわる機会損失に直結し、人材の定着を侵害する可能性を自覚しなければならない。自身の目的が自己満足の発現なのか、組織の成果の最大化なのかをいま一度問い直し、成果の最大化に真にコミットすることが創発性の正しい理解であり、組織でのものづくりのあるべき姿である。

(2) 創発性を高めるかかわり方
　ものづくりのあるべき姿に対して、その理解と行動の間には少なからず隔たりがあることがインタビューで顕在化した。重要な点は、創発的な特性を理解した上で、創発性を高めるためには組織・チームの中でどのような行動を取るべきかをそれぞれが考え実行することである。自己と他者への認識は簡単に一致するものではないため、知覚的に他者とかかわり合い、メンバーの行動への理解を深めながら成果につなげていく意識が、創発性を高める組織の基盤となる。

(3) 創発性を高める環境づくり
　総合建設業のものづくりが創発性を失っている原因の一つとして、求められる役割の変化があげられる。昨今では従来の総合建設業の役割を超えた過大な要求が増加し、管理職を中心とした従業員の量的な負担は増える一方である。そのような就労環境では創発性を正しく認識していても、創発的なものづくりは望めない。会社が事業を継続していく上で、プロジェクトを選り好みできない現実は否定できないが、プロジェクトの方針として創発性を求めるインテグラルなプロセスを踏むのか、効率性や若手の教育を重視してモジュラーなプロセスを踏むのかを判断する必要がある。そして、その判断基

準を共有し、長期的な視点で担当プロジェクトを采配することが人材定着マネジメントの基盤となる。

(4) 業界として

　今起こっている離職問題は建設業全体として取り組むべき課題であり、業界の盛衰に関わる重要な課題である。個々の企業に危機感はあれども、人材定着に長期的に成功している企業は少ない。業界のトップランナーであるA社においても採用には大変苦労しており、業界の体質に悩まされているという現実がある。自身も、建設に対しては人並み以上に強い想いがあり、会社への愛着を持ちながらA社を離職しており、根強い問題であることが実感としても深く理解できる。今後、業界としてどのように取り組みどのような立場を取るのか、強い舵取りによる方向性の示唆が待たれる。

(5) A社として

　A社が取り組むべき課題は、仕事への強い想いを持つ人材に対して、ものづくりの楽しさを感じられる環境を常に提供し続けることである。組織に所属している限り、常に満足のいく仕事を得られる訳ではないことは個々の従業員も十分に承知している。それでもその機会が回って来ないと感じさせてしまうことが、人材の流出を誘引する。創発的な機会が常に存在していること、そしてその機会がいずれ自身にも訪れることを従業員が認識できることが重要なマネジメントの約束事となる。

　A社において特筆すべきは、離職者が悪い印象を語らない点である。離職してもなおA社に強い愛着を示すケースも多く、悪いエンゲイジメントを発揮する個人の問題と比較し、A社の総体としてのものづくりに対する評価は非常に高い。しかし、人材の流動性が高まる時代の流れから、人材流出は容易に避けられる問題ではない。A社として取りうる方策は、創発的な環境の維持に加えて、人材の流動性を視野に入れ、離職した社員の再雇用など企業としての門戸を広げておくことであろう。インタビューにおいても、他社で自身の心理的活性化が満たされることでA社への復帰も可能性とし

て示唆されていた。そのような人材を広く受け入れていく前向きな企業姿勢が、長期的な人材定着につながると考えられる。

(6) B社として

　B社として取り組むべき課題は、会社を上げて創発的な企業体質を構築することである。それはA社から学ぶべき企業姿勢である。B社は個々の創発性に対する意識は高いが、それを組織風土やブランドとして体現するには至っておらず、個人の志向にとどまっている。採用の門戸が広くないB社にとって人材流出は致命的であり、ものづくりを楽しめる環境を企業ブランドとして提示していく重要度は高い。B社の優位点は、会社に対して責任を果たす意識を持つ従業員が多い点である。この点を活かし、創発的なものづくりがいかに組織として有益であるかを浸透させ、その貢献を正しく評価する制度の構築が急務となる。

　そのための具体的な施策として、経営企画執行役員である私が、社内の評価制度の改定を経営会議で提言し、会社の方針として創発的なものづくりを評価・推進する仕組みを構築する。具体的には、創発行動を正しく評価できる評価基準を策定することである。個々の成果が高くても、全体の創発性低下は組織行動としてはマイナスであるという評価軸を明示する。そして、創発的な組織風土構築のために、トップの声が一人ひとりの従業員に届きやすい中小企業の利点を活用し、繰り返し発信・対話を続けていくことが重要となる。

　最後に、本研究ではインテグラルなプロセスの重要性を繰り返し指摘してきたが、人材育成に効果的なモジュラー型プロセスとの意識的な使い分けが重要となる。どこに行っても通用する創発的な人材を継続的に育成し、そのような人材から「それでもB社で働きたい」と思ってもらえるものづくりの環境を実現することをここに明言する。

(7) 最後に

　ここまで研究を続けて理解したことは、創発行動は仕事の成果を当人の能

力以上に発揮させるための配意を周囲が示すことであり、その配意が適切であるほど仕事の成果は向上していくということである。そして、仕事の成果が適切に向上するということは、すなわち当人の性質や能力の限界を管理者や同僚が正しく認識していることにほかならず、その認識が正確であればあるほど、自身がチームの一員として尊重されている感覚につながる。創発行動の目指す先は、組織の成果を通じて個人とのかかわり方を考えることである。いかにそれぞれのメンバーの特性を活かして全体の成果につなげるかを考え続ける組織のあり方こそが、本研究で明らかにしたかった建設業の存続につながる重要な視座であると考える。

6-4. 本研究における限界と残された課題

　本研究における限界と残された課題は以下の点である。
　まず、対象サンプルの網羅性についてである。本研究では、建設業で起こっている問題の代表例としてA社を調査対象とした。研究の目的に照らし合わせると適切なサンプル選定であったと言えるが、必ずしも先行研究の指標だけでは全体を評価し切れない可能性は残った。建設業における仕事への想いの強さを測る指標を構成し、複数社への調査に拡大することで、より正確な研究につながるものと考える。次に、対象職能の選定についてである。本研究では建築設計職と施工管理職を同じ性質を持つ職能として分析を進めたが、それぞれを区別して分析することで、より職務特性に沿った研究につながると考える。また、建設業のプロジェクトスキームは非常に複雑であるが、本研究では課題をシンプルに捉えるために内容を抽象化して研究を進めた。今後は、プロジェクトの規模や特性ごとに離職要因を精査していくことが重要であると考える。最後に、離職要因は社会情勢や業界の潮流によって時々刻々と変化していくものである。本研究は2023年時点の結論であるが、今後大きく変化していく可能性は十分に考えられる。変化に沿った調査研究を行うことは、建設業界にとって大きな意義があると言える。

謝　辞

　本論文を執筆するにあたり、指導教官である神戸大学大学院経営学研究科の上林憲雄教授より丁寧なご指導とご助言をいただきましたこと深く感謝申し上げます。先行研究による理論の背景を正しく理解し、同時に自身の問題意識を深く掘り下げていく研究の方向づけは、理論と実践を幾度となく往復する研究プロセスにほかならず、自身の思考を深めていく道標となりました。また、副指導教官である神戸大学大学院経営学研究科の宮尾学教授より熱心なご指導をいただき深く感謝申し上げます。凝り固まった思考に対して、全く別の観点からの発想を投げかけていただき、研究の幅が大きく広がりました。

　また、神戸学院大学千田直毅教授並びに福井直人准教授、桃山学院大学三輪卓己教授、和歌山大学厨子直之准教授、神戸大学庭本佳子准教授、園田学園女子大学浅井希和子助教にはゼミ発表のみならず、ゼミ終了後や休み時間にも貴重なお時間を割いて丁寧にご指導をいただいたこと、深く感謝申し上げます。各々方が得意とされる専門領域の高い知見により、何度となく鋭い議論の方向性を示していただきました。また、毎週土曜日のゼミ活動をスムーズに運営することに尽力いただいた米田 TA と松本 TA 御両名にはこの場を借りて感謝申し上げます。

　本研究において欠かすことができない貴重なケーススタディとして、アンケート調査や長時間にわたるインタビューにご協力いただいた A 社並びに自社の関係者の皆様方に感謝いたします。また、1 年半にわたり大学院へ通うことを快く承諾し、業務調整などの後押しをしていただいた自社に深く感謝いたします。

　最後に、神戸大学 MBA での学びを実りあるものにしていただいた同期の皆様、そして 1 年半にわたり支えてくれた家族に感謝の意を表します。

参考文献

Alge, B. J., Ballinger, G. A., Tangirala, S., & Oakley, J. L. (2006). "Information privacy in organizations: Empowering creative and extrarole performance," *Journal of Applied Psychology*, 91(1), pp. 221-232.

Bakker, A.B. & Demerouti, E. (2007) "The job demands-resources model: State of the art," *Journal of Managerial Psychology*, 22, pp. 309-328.

Bakker, A.B., & Leiter, M.P. (Eds.), (2010) *Work Engagement: A Handbook of Essential Theory and Research*, London: Psychology Press.（島津明人総監訳・井上彰臣［ほか］監訳『ワーク・エンゲイジメント：基本理論と研究のためのハンドブック』星和書店、2014 年）。

Bishop, J.W., & Scott, K. D. (2000). "An examination of organizational and team commitment in a self-directed team environment," *Journal of Applied Psychology*, 85(3), pp. 439-450.

Chen, X.-P., Hui, C., & Sego, D. J. (1998). "The role of organizational citizenship behavior in turnover: Conceptualization and preliminary tests of key hypotheses," *Journal of Applied Psychology*, 83(6), pp. 922-931.

Demerouti, E., Bakker, A. B., Nachreiner, F., & Schaufeli, W. B. (2001) "The job demands- resources model of burnout," *Journal of Applied Psychology*, 86, pp. 499-512.

Eisenberger, R., Stinglhamber, F., Vandenberghe, C., Sucharski, I. L., & Rhoades, L. (2002). "Perceived supervisor support: Contributions to perceived organizational support and employee retention," *Journal of Applied Psychology*, 87(3), pp. 565-573.

Griffeth, R. W., Hom, P. W., & Gaertner, S. (2000) "A meta-analysis of antecedents and correlates of employee turnover：Update, moderator tests, and research implications for the next millennium," *Journal of Management*, 26(3), pp. 463-488.

Harter, J. K., Schmidt, F. L., & Hayes, T. L. (2002) "Business-unit-level relationship between employee satisfaction, employee engagement, and business outcomes: A meta-analysis," *Journal of Applied Psychology*, 87(2), pp. 268-279.

Hinkin, T., & Tracey B. (2000). The Cost of Turnover: Putting a Price on the Learning Curve. Cornell Hotel and Restaurant Administration Quarterly, 41, pp. 14-21.

Holtom, B. C., Mitchell, T. R., Lee, T. W., & Eberly, M. B. (2008). "Turnover and retention research: A glance at the past, a closer review of the present, and a venture into the future," *The Academy of Management Annals*, 2(1), pp. 231-274.

Holtom, B. C., Mitchell, T. R., Lee, T. W., & Inderrieden, E. J. (2005). "Shocks as Causes of Turnover: What They Are and How Organizations Can Manage Them," *Human Resource Management*, 44(3), pp. 337-352.

Kahn, W. A. (1990). "Psychological conditions of personal engagement and disengagement at work," *Academy of Management Journal*, 33(4), pp. 692-724.

Maertz, C. P., Jr., Griffeth, R. W., Campbell, N. S., & Allen, D. G. (2007) "The effects of perceived organizational support and perceived supervisor support on employee turnover," *Journal of Organizational Behavior*, 28(8), pp.1059-1075.

Maslach, C; Schaufeli, WB (2001) "Job burnout," *Annual Review of Psychology*, Vol. 52, pp. 397-422.

Meyer, J. P., Allen, N. J., & Smith, C. A. (1993). "Commitment to organizations and occupations: Extension and test of a three-component conceptualization," *Journal of Applied Psychology*, 78(4), pp. 538-551.

Moorman, R. H. (1991). "Relationship between organizational justice and organizational citizenship behaviors: Do fairness perceptions influence employee citizenship ?," *Journal of Applied Psychology*, 76(6), pp. 845-855.

Mossholder, K. W., Settoon, R. P., & Henagan, S. C. (2005). "A Relational Perspective on Turnover: Examining Structural, Attitudinal, and Behavioral Predictors," *Academy of Management Journal*, 48(4), pp. 607-618.

Organ, D. W. (1988). *Organizational citizenship behavior: The good soldier syndrome*. Lexington Books/D. C. Heath and Com.

Organ, D. W., Podsakoff, P. M., & MacKenzie, S. B., (2006) *Organizational Citizenship Behavior*, the United States, London, &Delhi: Sage Publications. (上田泰訳『組織市民行動』白桃書房、2007年。)

Podsakoff, P.M., MacKenzie, S.B., Pain, J.B., & Bachrach, D.G.(2000) "Organizational citizenship behaviors: A critical review of the theoretical and empirical literature and suggestions for future research," *Journal of Management*, 26,

pp. 513-564.
Schaufeli, W. B., & Bakker, A. B. (2003). *Utrecht work engagement scale: Preliminary manual.* Utrecht: Occupational Health Psychology Unit, Utrecht University.
Schaufeli, W. B., & Bakker, A. B. (2004) "Job demands, job resources, and their relationship with burnout and engagement: A multi-sample study," *Journal of Organizational Behavior,* 25(3), pp. 293-315.
Schaufeli, W. B., Salanova, M., González-Romá, V., & Bakker, A. B. (2002) "The measurement of engagement and burnout: A two sample confirmatory factor analytic approach," *Journal of Happiness Studies: An Interdisciplinary Forum on Subjective Well-Being,* 3(1), pp. 71-92.
Shimazu, A., Schaufeli, W. B., Kosugi, S., Suzuki, A., Nashiwa, H., Kato, A., Sakamoto, M., Irimajiri, H., Amano, S., Hirohata, K., & Goto, R. (2008). "Work engagement in Japan: Validation of the Japanese version of the Utrecht Work Engagement Scale," Applied Psychology: *An International Review,* 57(3), pp. 510-523.
Truss, C., Shantz, A., Soane, E., Emma, C., Alfes, K., Delbridge, R., (2013) "Employee engagement, organizational performance and individual well-being: exploring the evidence, developing the theory," *The International Journal of Human Resource Management,* 24:14, pp. 2657-2669.
Tsui, A. S. & Gomez-Mejia, L. R.(1988) "Evaluating Human Resource Effectiveness," In: L. Dyer (Ed.), Human Resource Management Evolving Roles and Responsibilities, *The Bureau of National Affairs,* Washington DC, pp. 187-227.
Vandenberghe, C., Bentein, K., & Stinglhamber, F. (2004). "Affective commitment to the organization, supervisor, and work group: Antecedents and outcomes," *Journal of Vocational Behavior,* 64, pp. 47-71.
Ulrich, 1995
Williams, L. J., & Anderson, S. E. (1991). "Job satisfaction and organizational commitment as predictors of organizational citizenship and in-role behaviors," *Journal of Management,* 17(3), pp. 601-617.
Yamamoto, H. (2013) "The relationship between employees' perceptions of human resource management and their retention: from the viewpoint

of attitudes toward job-specialties," *The International Journal of Human Resource Management,* 24:4, pp. 747-767.

上田泰（2003）『組織行動研究の展開』白桃書房。
上田泰（2018）「組織内を組織市民行動が広がるプロセスについて」『Review of Asian and Pacific Studies』No.43, 223-241 頁。
カーリス , Y, ボールドウィン・キム , B, クラーク著・安藤晴彦訳（2004）『デザイン・ルール　モジュール化パワー』東洋経済新報社。
佐藤佑樹（2014）「知覚された組織的支援（Perceived Organizational Support）研究の展望 ―理論的基礎，先行変数，結果変数および測定尺度について―」『経営行動科学』第 27 巻第 1 号 , 2014, 13-34 頁。
柴田好則・上林憲雄（2019）「組織市民行動の隠れたコスト」『日本情報経営学会誌』Vol. 39, No. 1, 7-15 頁。
鈴木竜太・服部泰宏（2019）『組織行動』有斐閣。
田中堅一郎（2001）「組織市民行動―測定尺度と類似概念 , 関連概念 , および規定要因について―」『経営行動科学』第 15 巻 , 第 1 号 , 1-28 頁。
田中堅一郎（2004）『従業員が自発的に働く職場をめざすために―組織市民行動と文脈的業績に関する心理的研究―』ナカニシヤ出版。
田中堅一郎（2012）「日本の職場にとっての組織市民行動」『日本労働研究雑誌』No.627/October 2012, 14-21 頁。
延岡健太郎（2006）『MOT 技術経営入門』日本経済出版社。
服部泰宏（2020）『組織行動論の考え方・使い方 良質のエビデンスを手にするために』有斐閣。
藤本隆宏・武石彰・青島矢一編著（2001）『ビジネス・アーキテクチャ　製品・組織・プロセスの戦略的設計』有斐閣。
藤本隆宏・野城智也・安藤正雄・吉田敏編著（2015）『建築ものづくり論 Architecture as "Architecture"』有斐閣。
二神恭一編（1998）『人材開発辞典』キャリアスタッフ。
古川久敬編著・柳澤さおり・池田浩著（2010）『人的資源マネジメント 「意識下」による組織能力の向上』白桃書房。
山本寛（2009）『人材定着のマネジメント ―経営組織のリテンション研究』中央経済社。

付録

A.1.1　アンケート調査に関する統計的分析（B社）

　B社アンケート調査における合成変数の平均値、標準偏差、クロンバックのα係数をまとめると以下のとおりである。自身の専門性の発揮についてのみ、信頼性に対する疑問が残る結果となったが、探索的な研究である背景を加味し、本研究としては問題ないとした。

表33：各数値のまとめ

概念	平均値	標準偏差	クロンバックのα係数
創発行動	3.79	1.12	0.869
配慮行動	3.84	1.07	0.897
チーム・エンゲイジメント	3.00	1.54	0.841
チームでつくるものへのコミットメント	3.82	1.31	0.596
チームへの定着意思	4.03	1.21	0.595
チーム認知の向上	3.98	1.13	0.766
自身の専門性の発揮	3.57	1.11	0.365

（1）重回帰分析①の結果

　　（有意確率：† ; $P<0.1$, * ; $P<0.05$, ** ; $P<0.01$）

① 創発行動と配慮行動がチーム・エンゲイジメントに与える影響

表34：チーム・エンゲイジメントの規定因に関する重回帰分析結果①

	標準化係数β	t値
（定数）		1.770 †
配慮行動	0.365	1.365
創発行動	0.199	0.744
R^2	0.269	

　チーム・エンゲイジメントに対して、非有意であるが、創発行動よりも配慮行動の方が影響を与えることが示された。

② 創発行動と配慮行動がチーム・コミットメントに与える影響

表35：チーム・コミットメントの規定因に関する重回帰分析結果①

	標準化係数β	t値
（定数）		3.531 **
配慮行動	0.441	1.592
創発行動	0.064	0.231
R^2	0.215	

(a)

チーム・コミットメントに対して、非有意であるが、創発行動よりも配慮行動の方が影響を与えることが示された。

③ 創発行動と配慮行動が組織コミットメントに与える影響

表36：組織コミットメントの規定因に関する重回帰分析結果①

	標準化係数β	t値
(定数)		2.274 †
配慮行動	0.313	1.146
創発行動	0.223	0.818
R^2	0.238	

組織コミットメントに対して、非有意であるが、創発行動よりも配慮行動の方が影響を与える可能性が示された。

④ チーム・エンゲイジメントとチーム・コミットメントがチームへの定着意思に与える影響

表37：チームへの定着意思の規定因に関する重回帰分析結果①

	標準化係数β	t値
(定数)		1.995 *
チーム・エンゲイジメント	0.491	4.094 **
チーム・コミットメント	0.364	3.037 **
R^2	0.561	

チームへの定着意思に対して、チーム・エンゲイジメント、チーム・コミットメントはいずれも1％水準で有意な正の影響を与えていた。また、両者のうち、チーム・エンゲイジメントがより影響を与えることが示された。A社と比較して、B社はつくるものへの責任感が強いことが記述統計結果から明らかになっており、その内容に即した結果となっていると言える。

⑤ 自身の専門性の発揮とチーム認知の向上が創発行動に与える影響

表38：創発行動の規定因に関する重回帰分析結果①

	標準化係数β	t値
(定数)		0.035
チーム認知の向上	0.370	4.138 **
専門性の発揮	0.611	6.834 **
R²	0.731	

　創発行動に対して、自身の専門性の発揮とチーム認知の向上はいずれも1%水準で有意な正の影響を与え、チーム認知の向上がより強い正の影響を与えることが示された。これはA社と同様の結果である。

（2）分析結果のまとめ

　以上の分析結果を分析フレームワークに反映すると以下のとおりとなる（図A）。

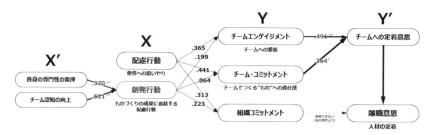

図A：分析フレームワークの重回帰分析結果
（有意確率：†：P<0.1, *：P<0.05, **：P<0.01）

（3）重回帰分析②の結果

① 創発行動と配慮行動がチーム・エンゲイジメントに与える影響

表39：チーム・エンゲイジメントの規定因に関する重回帰分析結果②

	標準化係数β	t値
(定数)		1.211
配慮行動1（問題解決）	0.162	0.673
配慮行動2（同僚支援）	0.217	0.943
創発行動1（創造的）	0.046	0.199
創発行動2（成果追求）	0.210	1.014
R²	0.252	

チーム・エンゲイジメントに対して、非有意であるが、全体として創発行動よりも配慮行動の方が影響を与えることが示された。

② 創発行動と配慮行動がチーム・コミットメントに与える影響

表 40：チーム・コミットメントの規定因に関する重回帰分析結果②

	標準化係数β	t 値
（定数）		2.257 *
配慮行動1（問題解決）	0.080	0.359
配慮行動2（同僚支援）	0.341	1.605
創発行動1（創造的）	-0.256	-1.196
創発行動2（成果追求）	0.436	2.272 *
R^2	0.359	

チーム・コミットメントに対して、創発行動2（成果追求型）が5％水準ではあるが、有意な正の影響があることが示された。また、非有意であるが、創発行動1（創造型）は負の影響を与え、全体として配慮行動よりも創発行動の方が影響を与えることが示された。

③ チーム・エンゲイジメントとチーム・コミットメントがチームへの定着意思に与える影響

表 41：チームへの定着意思の規定因に関する重回帰分析結果②

	標準化係数β	t 値
（定数）		1.995 *
チーム・エンゲイジメント	0.491	4.094 **
チーム・コミットメント	0.364	3.037 **
R^2	0.561	

チームへの定着意思に対して、チーム・エンゲイジメント、チーム・コミットメントはいずれも1％水準で有意な正の影響を与えることが示された。

(d)

④ チーム認知の向上と専門性の発揮が創発行動と配慮行動に与える影響

④-1 創発行動1（創造型）
表42：創発行動1の規定因に関する重回帰分析結果②

	標準化係数β	t値
(定数)		-1.299
専門性の発揮	0.431	4.274 **
チーム認知の向上	0.509	5.052 **
R^2	0.658	

　創発行動1（創造型）に対して、チーム認知の向上・専門性の発揮はいずれも1%水準で有意な正の影響を与えることが示された。

④-2 創発行動2（成果追求型）
表43：創発行動2の規定因に関する重回帰分析結果②

	標準化係数β	t値
(定数)		1.829 †
専門性の発揮	0.163	1.313
チーム認知の向上	0.610	4.903 **
R^2	0.479	

　創発行動2（成果追求型）に対して、チーム認知の向上が1%水準で有意な強い正の影響があることが示され、専門性の発揮が非有意ではあるが正の影響を与えることが示された。

④-3 配慮行動1（問題解決）
表44：配慮行動1の規定因に関する重回帰分析結果②

	標準化係数β	t値
(定数)		-2.278 *
チーム認知の向上	0.409	4.387 **
専門性の発揮	0.562	6.027 **
R^2	0.708	

配慮行動1（問題解決）に対して、チーム認知の向上、専門性の発揮はいずれも1%水準で有意な強い正の影響があり、チーム認知の向上がより強い影響を与えることが示された。

④-4 配慮行動2（同僚支援）
表45：配慮行動2の規定因に関する重回帰分析結果②

	標準化係数β	t値
(定数)		1.682 †
専門性の発揮	0.426	3.833 **
チーム認知の向上	0.465	4.180 **
R^2	0.584	

配慮行動2（同僚支援）に対して、チーム認知の向上、専門性の発揮はいずれも1%水準で有意な強い正の影響があり、チーム認知の向上がより強い影響を与えることが示された。

以上の分析結果を分析フレームワークに反映すると以下のとおりとなる（図B）。

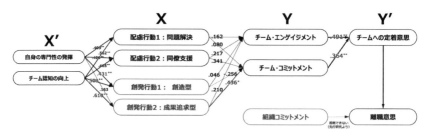

図B：詳細分析フレームワークの重回帰分析結果
（有意確率：†：P<0.1, *：P<0.05, **：P<0.01）

建設業における意識調査アンケートのお願い

序文

本アンケート調査は、神戸大学大学院経営学研究科・社会人MBAコースにおける修士論文の研究「建設業の人材定着マネジメント　建設業特有のものづくりプロセスと離職に関する研究」のために実施しております

（質問数66問・所要時間8〜10分程度）

・現在建設会社にお勤めされている方、または過去にお勤めされていた方を対象としたアンケートです。
・調査結果は上記論文の検討にのみ使用し、第三者に提供することはありません。
・データ使用にあたり、個人が特定されるような解析は行わず、個人情報の保護には十分に留意いたします。
・回答期間：7月23日（日）21:00まで

以上ご了解いただけましたら、下記リンクの質問にお答えいただけますでしょうか。
https://forms.office.com/r/svZjtCX2fb

アンケート責任者について

このアンケートは、神戸大学大学院経営学研究科・社会人MBAコース上林憲雄ゼミ所属の秦真人個人によって主催させていただいております。私は2009年にA社に入社し、A社で13年間勤務したのち2022年に退職しております。近年のA社を代表とする大手建設会社の離職増加に問題意識を持ち、その要因を組織論・人的資源管理論の観点から明らかにするために、神戸大学大学院に入学し本研究に取り組んでいます。

研究の趣旨について

(※こちらは先入観によるアンケート内容への影響を避けるために、アンケートを
　ご回答いただいた後にお読みいただけますと幸いです)

　近年建設業界において、急激に増加している職員の離職に問題意識を持ちこの研究に取り組んでいます。特に建築に対して強い想いを持つ人材が離職をしている傾向が強く、その離職要因を明確にし、いかにその離職要因を抑制するかを人材定着マネジメントの観点から明らかにすることを研究の目的としています。ものづくりの創発性に影響する小さな組織（チーム）に着目し、「成果につながる他者への配慮行動と自身の認知の領域の拡大（同一化）がチームへの帰属意識を高める」という仮説を立てています。当アンケート調査は、先の仮説を検証するインタビュー調査を補完する目的で実施させていただいております。

　以上、アンケートへのご協力、謹んで感謝申し上げます。

第 2 章

〈銀賞〉

高齢者のがん医療における便益形成と治療への参加意欲を高める要因に関する研究

―サービスの便益遅延性に着目して―

桐島 寿彦

1. はじめに

　本稿の目的は、治癒が望めない高齢者のがん医療において、治療への参加意欲を促進する要因が何であるかについて、半構造化面接を通じた質的研究を通して明らかにすることである。藤村（2015a）の医療サービスにおける3つの便益、すなわち機能的便益、感情的便益、価値観的便益の視点で分析した先行研究がある。慢性疾患や早期乳がん患者では、治療への参加意欲を促進する要因として価値観的便益が挙げられ、医師や専門看護師による関わりが価値観的便益の形成に寄与していた。ここに機能的便益とは、患者に肉体的健康度の回復・維持を提供するものであり、感情的便益とは、患者に心理的健康度の回復・維持を提供するもの、そして、価値観的便益は、生きることの意義や生きがいに対する態度にポジティブな変化を導くものを意味する。

1-1. 問題の所在

　筆者の問題意識は、高齢者のがん医療において、医療の本質的な便益である病気の治癒が望めない状況で、若年者とは異なる価値観を有する高齢者の治療への参加意欲を促進させる要因は何かということである。本稿の結論は、医師だけでなく、看護師などのコメディカルおよび家族と患者との関係性便益が起点となり、チーム医療による価値観的便益の形成を通じて、事前期待を適切な方向と水準に転換し人生の新しい物語を創出することにより治療継続行動（患者参加）を高めることである。さらに地域を巻き込んだ地域完結型のがん医療を提供する「価値共創型がん地域包括ケアモデル」を提案した。
　まず、この問題の背景を述べることにしたい。第一に、今後、高齢化の進行により独居の高齢がん患者が増加する。高齢者はさまざまな問題を抱えており[1]、しかも非高齢者とは異なる価値観を有するため医療を行う際には配慮が必要である。第二に、医療は専門性が高く、医療者と患者間に情報の非

1　高齢者がん診療ガイドライン 2022 年版

対称性が存在するため、患者は医療サービスの品質を正確に評価することが困難である。第三に、がんに対する患者体験調査[2]において、治療中の患者満足度は、治療終了または経過観察中の患者と比べて低いことが報告されている。これは、藤村（2015a）が指摘する機能的便益の享受が遅延しているために患者満足度の評価が歪められていることが示唆される。第四に、がん患者の大部分を占める高齢がん患者の満足度を高める取り組みを行うことで、患者から選ばれる病院になり他院との差別化につながることである。

　従来から、この論点について先行研究がある。第一に、高齢者の価値観が非高齢者と異なることについては様々な報告がある。Fried（2002）は、高齢者は十分な治療効果が得られる場合であっても治療に伴う後遺症が残る治療は望まないこと、Akishita（2013）は、日本の高齢者を対象としたアンケート調査で、治療選択時の優先順位を検討したところ、原疾患の改善や身体機能の改善が上位であり、延命の優先度は下位のランクであったと報告している。第二に、医療サービスの特性として、藤村（2009）は、医療のデリバリーにおいて、患者は受動的な態度で診療プロセスに参加することや医療者と患者の間に情報の非対称性が存在することを指摘し、島津（2005）は、患者の医療サービスへの事前期待の不明確性を挙げている。第三に、藤村（2015a）は、医療などの便益遅延型サービスでは、サービス・デリバリー・プロセスへの患者参加の抑制や患者満足評価に歪みが生じることを報告している。しかし、筆者の問題意識は、がん医療における高齢者の治療への参加意欲を高める要因である。なぜ高齢者は、延命への優先順位が低いにもかかわらず、副作用の強い抗がん剤治療を受けるのだろうか。また、医療者はどのように患者に関わっているのであろうか。この点について先行研究は必ずしも十分に考察していない。より具体的に欠ける点を指摘すると、①島津（2005）が指摘しているように医療は専門性が高く情報の非対称性があるため患者は医療サービスに対して明確な事前期待を形成できないにもかかわらず、この事が考慮されていないこと、②がん患者と病院の医療従事者を同時に検討した研究が

2　患者体験調査報告書　平成30年度調査　国立がん研究センターがん対策研究所

ないこと、③藤村が提唱した医療サービスを3つの便益で捉える枠組みを用いて高齢者を対象とした研究は行われていないことである。

　以上の問題意識のもとで、本稿では、高齢がん患者における治療への参加意欲を促進する要因を藤村の便益遅延性の枠組みを用いて研究した。まず、先行研究として、サービス品質、医療サービスの特性およびサービスの便益遅延性、高齢者の価値観を検討した。次に、治癒が望めない高齢がん患者とがん患者に関わる医療者を対象に半構造化面接を行い、修正版グラウンデッド・セオリー・アプローチで分析した。結果は、患者と医療者および家族との関係性便益が起点となり、複数の職種が協働してケアに関わるチーム医療を実践することで、関係性便益と感情的便益から価値観的便益が形成され、価値観的便益から治療継続行動（患者参加）が高まることが明らかになった。また、病気の治癒という客観的機能的便益の享受は遅延ないし得られないが、痛みや苦痛の改善といった主観的機能的便益はその都度享受され治療への参加意欲につながった。医療者は、「患者中心の医療」と「チーム医療」を背景に、「家族への配慮」「情緒的配慮」「生活者としての患者の視点」を重視していた。それぞれ関係性便益、感情的便益、価値観的便益に関係していた。結論としては、高齢がん患者の治療への参加意欲を高めるには、単に最新の高度医療を提供するだけでなく、医療者や家庭との関係性を高めて患者に安心感を与えるとともに、チーム医療によりその人らしく生きるための価値観的便益を形成することである。さらに、生活者としての患者の視点で、患者の生活の場である地域を巻き込んだ地域完結型のがん医療を提供するために、「価値共創型がん地域包括ケアモデル」を提案した。

1-2. 問題意識

　少子高齢化により公立病院の経営はますます厳しくなる。筆者が所属する都市部の公立病院は、他の公的医療機関[3]や民間医療機関と医療機能が重複

3　公的医療機関：公立病院の他に日本赤十字社、国立病院機構、済生会、地域医療機能推進機構などが開設する病院

することが多いため、地域の中で存続するためには公立病院としての役割の明確化が必要である。今後、高齢のがん患者が増加するため、高齢者の価値観を尊重した医療を行い高齢者から選ばれる病院になることが病院運営上重要である。

65歳以上の高齢者の割合は2065年には38.4%に達し、2050年には5割超が高齢単身世帯になると推定されている[4]。高齢者の死因の40%以上はがん死である。がん治療の進歩により生存期間は改善しているが、進行がん患者の予後は依然不良である。高齢者は生理機能の低下や複数の併存疾患を有する頻度が高いため治療を行う際に配慮が必要になる。また、高齢者と非高齢者とでは、がん治療に対する価値観や治療選好に違いが生じることから、非高齢者とは異なる対応が必要になる。

一方、サービスマネジメントにおいて、顧客との協働や価値共創の前提となる顧客参加が強調されてきた。しかし、医療は専門性が高く、情報の非対称性があるため患者が医療に対する明確な事前期待を持つことや品質評価をすることは困難である。そのため、事前期待や知覚品質が顧客参加の動機付けにならない。特に進行がん患者は病気の治癒や回復などの医療の基本的な便益の享受が望めないため、参加意欲の低下がサービス品質の低下につながり、さらに参加意欲が低下する負のスパイラルに陥りやすい。

非高齢者と異なる価値観や治療選好を有する高齢者のがん医療において、患者の治療への参加意欲や患者満足度を高める要因を明らかにすることが重要である。今後増加する高齢者の患者満足度を高める施策を行うことは、競合する他の医療機関との差別化に繋がる。

2. 先行研究の検討

本節では、先行研究のレビューを行う。本研究は、高齢者のがん医療にお

---

[4] 令和5年版高齢社会白書

いて治療への参加意欲を高める要因について、便益遅延型サービスのフレームを用いた探索的研究である。第一に、サービスの特徴、サービスの分類、サービス品質、顧客満足についてレビューする。第二に、医療サービスの特性について理解を深める。第三に、便益遅延性サービスに関して、その概念や医療サービスを３つの便益で捉える枠組みの理解を深める。第四に、高齢者の価値観など高齢者医療における問題点を明らかにする。これらの先行研究から本研究の課題を導出する。

2-1. サービスについて

サービスとは

　Lovelock（2006）によると、「サービスとは、ある主体が別の主体に提供する経済活動である。通常、時間単位の行動であり、受け手自身あるいは受け手の所有物や財産に対して期待どおりの結果をもたらすものである」と定義した。また、サービスとモノとの相違点として、サービスは在庫がない、無形要素がサービス価値を生み出す、可視化が難しい、顧客が共同生産者となる、顧客がサービス経験を左右する、インプットとアウトプットの変動が大きい、時間が重要な要素である、オンライン・チャネルが存在するという８つを挙げている。研究者によって定義は異なるが、マーケティング分野では、「無形性」、「同時性」、「変動制」、「消滅性」の４つがサービスの典型的な特性である。

サービスの分類

　今枝（2006）は、サービス提供からの分類として、プロセス型サービスとプロフェッショナルサービスという分類を提唱した。プロセス型サービスとは、サービスの内容や結果を予め定義できるサービスである。顧客が購買を決めた時点ですべてのサービス内容と結果が明らかになっており、品質の安定したサービスを低価格で提供できることである。一方、プロフェッショナルサービスとは、サービスの内容や結果が契約時には不確定であり、顧客と

サービス提供者間の相互作用により、提供中に判明した事実に基づき柔軟に設計され提供される。また、サービスの提供は、プロフェッショナルであるサービス提供者に依存する。

　また、藤村（2009）は、変化の方向性からサービスを常態の維持型サービス、常態の回復型サービス、および常態の向上型サービスに分類した（表1）。「常態の回復」型サービスは、顧客にとってネガティブな状態からの回復が重要であるため、顧客満足のためには結果が最も重要になる。結果が満足できる品質に達している場合においてのみ、そのサービス提供の過程が顧客満足の向上に寄与する。「常態の向上」型サービスは、サービスの提供過程が顧客満足に影響を及ぼす。結果が満足水準に達していない場合でも、過程が満足水準を超えていれば、顧客満足が形成される。「常態の維持」型サービスは、「常態の回復」型と「常態の向上」型の中間に位置する。

　医療サービスは「常態の回復」型サービスの一例である。患者が医療を受けることになった病気の治癒や回復の程度が最も重要である。しかし、患者が病気を治すための治療プロセスに積極的に参加しないなら、高度な医療を行っても病気の治癒や回復という便益を享受することができない。また、患者はサービス・デリバリー・プロセスにおいて、不安や恐怖といったネガティブな情動を有する傾向にある。したがって、医療サービスのデリバリー・プロセスにおいて身体的回復だけでなく、不安や恐怖などに対する心理的サポートも必要とされる。

表1　「変化の方向性」によるサービス分類

デリバリー前の状態＼デリバリー後の状態	常態	常態を上回るポジティブな状態
常態	「常態の維持」型サービス 定期健康診断 保険	「常態の向上」型サービス 観光 エンターテイメント 教育 高級レストラン
常態を下回るネガティブな状態	「常態の回復」型サービス 医療 日常的な飲食店 修理	

出典：藤村（2009）p7 図2

2-2. サービス品質と顧客満足

サービス品質と分類

　山本（1999）は、サービスの形成自体に顧客が関わることから、サービスへの評価は、顧客側の知覚によって形成されることになると指摘している。また、Zeithaml（1981）らは、サービス品質の評価軸として、モノやサービスの品質を探索品質、経験品質、信頼品質に分類している。探索品質は、顧客が製品の購買前に評価できる品質である。例えば、洋服、時計、自動車などであり、実際に触ったり、使ってみたり、商品の仕様を検討したりできる。大部分の製品は探索品質を基に品質の評価を行っている。経験品質は、購入し経験すれば評価できる品質である。例えば、ホテルでの宿泊や美容院での体験などであり、実際にそれらのサービスを体験することで評価することができる。多くのサービスがこれに含まれる。信頼品質は、購入後、経験した後も評価が難しい品質である。信頼品質によって評価される商品は、サービスの品質評価に専門的な知識を必要としたり、長期間経過した後に判断したりする必要がある。医療や教育サービスがその典型であり、サービスの消費前も後もそのサービス品質を的確に評価することは困難である。

知覚品質と知覚品質モデル

　藤村（2009）は、知覚品質を顧客の知覚に基づく製品の全体的な優秀さに対する顧客の判断であると定義し、知覚品質は顧客の企業に対する全体的な態度と類似し、より総合的で比較的永続的な概念であると述べている。

　Grönroos（2007）は、知覚品質モデルを提示し、期待品質、経験品質、および知覚品質の関係を表した。図1のとおり経験品質と期待品質が合致する時、優良な知覚品質が得られる。総合的な知覚品質は技術や機能の品質によって決定されるのではなく、期待品質と経験品質のギャップによって決まる。

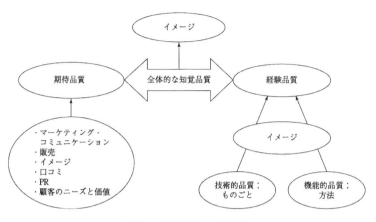

図1　全体的な知覚品質
出典：Grönroos（2007）p66　図4-2

サービス品質の評価

　顧客がサービスについて主観的な品質を評価する方法として、Parasuraman（1988）は、SERVQUALモデルを提唱した。信頼性、反応性、確信性、共感性、物的要素の5つの項目にまとめられた。信頼性とは、企業が約束したサービスを正確に提供することへの信頼感である。反応性は、積極的かつ迅速に顧客の求めに応じて対応するかどうかの側面である。確信性は、顧客に対してサービスの質に関する信頼と確信を印象づける企業と従業員の能力である。共感性は、顧客の個人的問題や気持ちを理解し、問題を一緒に解決する姿勢である。物的要素は、建物の外観、部屋の造り、備品、従業員の服装などである。

　また、Parasuraman（1985）らは、サービス組織内に4つのギャップが存在することによって、5つめのギャップとして顧客のサービスの期待と実施のサービスの差という最も深刻な問題が起こるとしている。Lovelock（2006）は、この考え方をもとにサービスの設計や提供の様々な場面で起こりうるギャップを7種類にまとめた。

1. 「知識ギャップ」 サービス提供者が考える顧客ニーズと顧客の実際のニーズや期待とのギャップ
2. 「基準ギャップ」 経営陣の考える顧客ニーズと実際の品質基準のギャップ
3. 「サービス提供ギャップ」 品質基準と実際に提供されるサービスのギャップ
4. 「組織内コミュニケーション・ギャップ」 広告でのPR内容や、サービス・スタッフが認識しているサービス・プロダクトの特性や性能およびサービス品質と、実際にサービス組織が提供できる基準のギャップ
5. 「知覚ギャップ」 顧客が正確にサービス品質を評価できないために起こり、実際に提供されるサービスと顧客の知覚するサービス品質の間に生じるギャップ
6. 「解釈ギャップ」 サービス提供側がサービスの前に各種コミュニケーション活動によって顧客に約束しているサービスと、顧客がその活動から抱くサービスへの期待のギャップ
7. 「サービス・ギャップ」 顧客が事前に期待しているサービス品質と実際に受けるサービス品質のギャップ

1と5〜7のギャップは、顧客とサービス組織の組織外のギャップであり、2〜4はサービス組織内の役割や部門の違いによって生じる組織内のギャップである。これらのサービスにおけるギャップは、顧客との関係悪化につながる恐れがある。特に「サービス・ギャップ」は最も影響が大きいため、このギャップを最小限に抑えることが、サービス品質改善の最終的な目的である。

顧客満足について

顧客満足は、事前期待と経験を比較するだけの認知的なものではなく、情動や感情を伴う準認知的な過程である。

Oliver（1980）は、顧客満足における期待／不一致モデルを提唱した。一般に、商品やサービスに対する顧客の満足は、顧客がその商品やサービスから得られると事前に期待した水準（期待水準）と、実際に消費やサービスを体験した後の知覚水準を比較し、この2つの水準が一致しているか上回る場合は満足を、下回る場合は不満足を知覚するとしている。一方、藤村（2009）は、

「顧客満足を、事前に保有していた評価基準が満たされた、あるいは満たされなかったことにまつわる情動が、顧客の消費経験に関する事前の情動と結びついた時に生じる凝縮された認知状態」と定義し、Kotler（2006）も、満足の概念を、「買い手の期待に対して製品の知覚パフォーマンスがどれほどであったかによって得られる、個人の喜び又は失望の感情のことである」と定義している。このように、顧客満足を事前期待と経験を比較するだけの認知的なものではなく、情動や感情を伴う準認知的な過程と考えている。

また、サービス品質と顧客満足の関係性について、南（2014）は、顧客満足を、1回ごとのサービス経験の結果と考えると、サービスの知覚品質が顧客満足に影響すると想定される。過去のサービス経験の蓄積によって品質評価がなされるとすれば、顧客満足が知覚品質を形成することになる。さらに、知覚品質と顧客満足は独立したものであるという考え方や、サービス品質と顧客経験が同時に顧客満足に影響するという考えがあることを指摘している。

2-3. 医療サービスについて

医療サービスの特性

医療サービスの特性として、患者は受動的な態度で診療プロセスに参加することが多いこと、医療従事者と患者の間に情報の非対称があること、サービス評価の2面性、利用者の変容性、期待の不明確性があることである。

藤村（2009）は、医療サービスの特性として第一に、医療サービスの提供において、医療従事者が優位に立つことである。①患者は受動的な態度で診療プロセスに参加することが多い。②医療従事者と患者の間に情報の非対称がある。医療は専門性が高く医療従事者と患者との間に大きな情報格差があるためである。③医療提供の緊急性である。医療は生命に関わるため、他の行為に優先して提供される必要がある。緊急の場合は、医療者の判断で医療が提供されることがある。

第二に、医療組織の経営者のプレステージは、医療行為の範囲、最新の医療機器の導入、病床数、医師や看護師等を含む医療サービスの生産要素の充

実度などによって高まる。医療機関の経営者は人件費などの経費削減を求めるより、プレステージ最大化を追求する恐れがある。その結果、非効率な資源配分が行われ生産性の低下につながることがある。

島津（2005）は、医療サービスの特性として第一に、サービス評価の2面性をあげている。医療の品質を評価する時には、医療専門職による品質の評価と、患者による知覚品質という2つの次元が存在する。患者の視点に立った品質の評価は重要であるが、サービス提供者である医療専門職が判断する品質も同時に重要である。

第二に、利用者の変容性である。同じ医療者がサービスを提供しても患者の状態が変化するため、提供するサービスが常に異なることである。一般的なサービスと異なり、医療の場合は、患者の状態が日々変化するため状況に応じたサービスを行う必要がある。

第三に、期待の不明確性である。患者にも医療者にもサービス提供に対する期待が明確に把握されないことである。一般的なサービスは、明確な期待を持ってサービスを購入するが、医療の場合は、患者は症状の軽減や完治を期待するが、具体的な医療サービスに対する明確な期待を持っていないことが多い。患者は、診療を受ける過程のなかで、医療者とのやりとりを通じて、サービスの具体的な内容を理解するのである。

第四に、連続性である。サービスの利用期間が長期にわたることである。患者の変容性があることから、サービスの利用期間が長期にわたる可能性がある。さらに、一般的なサービスのように1つのサービスで完結せず、あるサービスから別のサービスへ引き継がれることもある。患者の状態の変化により、急性期医療から慢性期医療へ、入院から外来へとサービスの形態や内容が変化する。

医療サービスの品質

Donabedian（1980）は、医療サービスの品質について「質の高い医療とは、治療の全過程で期待しうる効果と、予測しうる損失とのバランスの上でもたらされる患者の福祉を最大化できる医療」と定義し、医療における品質の評

価を、構造品質、過程品質、結果品質から評価することを提唱した（図2）。

構造品質とは、医療機器や医療者の配置状況などから評価される。過程品質は、治療プロセスにおいて提供される医療技術や、医療者と患者との相互作用や患者の参加などにより規定され、医療者と患者の相互作用により評価される。結果品質は、健康状態の改善や治療効果であり、患者の健康状態の変化により評価される。構造品質、過程品質、結果品質はバランスが重要であり、いずれかが欠けても患者は不満足になる。

図2　構造、過程、結果の関係

患者満足

医療における患者満足は、対人関係やコミュニケーションを指標とし、その中でも医師との関係性が重要であり、また患者の自己効力感の重要性も指摘されている。

藤村（2009）は、患者満足は、「事前に保有していた評価基準が満たされた、あるいは満たされなかったことにまつわる情動（感情）が、患者の通院あるいは入院経験に関する事前の情動（感情）と結びついた時に生じる凝縮された心理状態」と定義している。

医療における患者満足は、前述のように構造品質、過程品質、結果品質から評価されるが、患者がそれぞれの品質をどのように評価しているかはさまざまな議論がある。Marshall（1993）は、患者満足を時間、技術品質、対人関係、コミュニケーション、金銭、利便性で測定し、そのうち、技術品質、対人関係、コミュニケーションが重要であるとしている。また、Priporas（2008）は、患者満足を有形性、信頼性、対人コミュニケーション、敏感さで測定している。Hausman（2004）は、医師と患者の相互作用が患者満足をもたらし、再診と推奨に影響を与えることを報告している。このように、

医療における患者満足は対人関係やコミュニケーションを指標としているが、その中でも医師との関係性が重要である。

　森藤（2021）は患者満足における患者の自己効力感の重要性を指摘している。自己効力感とは、人が望む結果を実現する上で必要な自分の中にある信念である。自己効力感には、長期に保持され一般化された特性的自己効力感と課題固有の自己効力感の2水準がある。ヘルスケア・サービスでは、提供者のサービス品質が課題固有の自己効力感を介して患者満足を高めることと、施設のサービス品質が提供者のサービス品質を介して間接的に患者満足を高めることを指摘した。

2-4. 便益遅延型サービスについて

便益遅延性の概念

　モノは、生産された後に交換され消費され、その使用価値は交換後の消費過程で生み出される。サービスは生産されると同時に消費される。使用価値は、生産と消費が同時に行われる中で生み出される。一方、サービスでは、生産と消費が同時に行われるが、便益の享受は必ずしも同時に行われるとは限らない。すなわち、サービス・デリバリー・プロセスと顧客が便益を享受したと知覚できる時点との間に時間的ズレが生じるサービスが存在する。この時間的ズレが「便益遅延性」であり、藤村（2015a）はこの特質を有するサービスを「便益遅延型サービス」と提唱した。医療や教育サービスがこの典型である。図3では、患者が病気に罹患することで健康度が低下して医療サービスを受ける。機能的便益である知覚成果は徐々に高まるが、事前に期待した水準に達するまでに時間的ズレが生じる。医療サービスを受けていた期間と知覚成果が事前期待の水準を超えたと知覚した地点との時間的ズレが便益遅延性である。

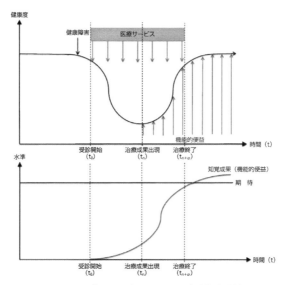

図3　医療サービスにおける便益遅延性
出典：藤村（2015a）p247 図2：医療サービスにおける便益遅延性による負の不確認の発生

　小林（2018）は、医療サービスにおける便益遅延性の原因は、医療者が提供した医療行為を患者が直接消費するのではなく、医療者と患者の共同生産により、患者資源が改善され、改善された患者資源が患者ニーズを充足する2段階の欲求充足構造を有することにあると指摘している。このようなサービスを顧客資源介在型サービスと呼び、顧客資源の改善に要する時間が便益遅延性をもたらす原因としている（図4）。

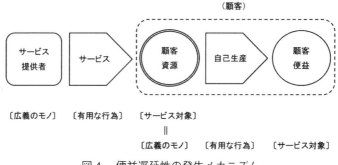

図4　便益遅延性の発生メカニズム
出典：小林（2018）p9 図7

便益遅延型サービスの問題点
1. 便益享受の不確実性
　便益の享受が遅延するため、顧客はそのサービスの便益としての変化を実感しないままに、さらには便益が享受できるのかどうかは不明なままに、サービス・デリバリーを受けることになる。
2. サービス・デリバリーへの顧客参加の困難性
　「便益遅延型サービス」においても、その価値形成に際しては他のサービス消費と同様にサービス・デリバリー・プロセスへの顧客参加が求められるが、一方で、その特性上、顧客参加には困難性が伴う。
3. 品質あるいは顧客満足評価の困難性
　目的とする便益の発現に時間的なズレが生じることに伴って、サービスの便益としての変化（結果・効果）に関する評価が困難になる。

医療サービスの便益を3つの便益で捉える枠組み（図5）
1. 機能的便益
　病気の回復あるいは治癒に関わる便益である。病気によって生じる身体的健康度の低下を病気になる前の状態に戻す便益である。
2. 感情的便益
　病気による身体的健康度の低下は心理的健康度の低下をもたらすことから、患者にこの心理的健康度の回復や維持を提供する便益である。これは、病気に伴う不安の軽減や解消と診断プロセスでの不安の軽減などにより構成される。
3. 価値観的便益
　病気や治療に対する認識・姿勢・生きることの意義や生きがいに対する態度にポジティブな変化を導く便益である。医療サービスは必ずしも全ての病気を回復できる訳ではなく、回復が不可能な病気、部分的にしか回復できない病気、あるいは後遺症が残る病気もある。それらに対応できるように患者の人生観や価値観の転換を図るような便益である。

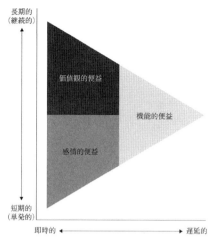

図5　医療サービスを構成する3つの便益の関係
出典：藤村（2015b）p391 図18

医療サービスの3つのモデルと狩野モデルとの関係性

　狩野（1984）らは、品質要素を「当たり前品質要素」、「魅力的品質要素」および「一元的品質要素」に区分することを提唱したが、医療サービスにおける3つの便益を狩野モデルにあてはめると、機能的便益は「当たり前品質要素」に、感情的便益は「一元的品質要素」に、価値観的便益は「魅力的品質要素」に相当すると考えられる（図6）。

　機能的便益は、サービスの基本的ニーズを満たす便益に関わるものであり、それが顧客の期待する目標に到達しない場合は、不満足が形成されることから「当たり前品質要素」に相当する。感情的便益については、ネガティブな情動が喚起する機会が多い場合は、不満足の形成が、ポジティブな情動を喚起する機会が多い場合は顧客満足が形成されることから、「一元的品質要素」に相当する。価値観的便益は、顧客が事前に期待していなかった認識や価値観のポジティブな変化を導くものであることから、享受できなかったとしても、そのような便益の存在を認識できないために、不満足を形成することはないが、享受できれば顧客満足の向上に貢献することから、「魅力的品質要素」に相当する。便益遅延型サービスでは、機能的便益の享受において遅延性が生じている期間は、感情的便益と価値観的便益の2つの便益の両方、あるい

はどちらか一方を享受できることで顧客満足が、両便益とも享受できないことで不満足が形成されると考えられる。

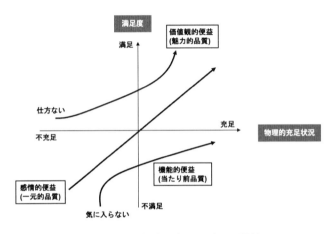

図6　3つの便益と狩野モデルの関係
出典：狩野（1984）p41 図1をもとに改変

便益遅延性の概念を用いた先行研究

　医療サービスにおいて便益遅延性の概念を用いた先行研究として、藤村と森藤の研究と、乳がん患者を対象に行った高室の研究がある。藤村（2015a）森藤（2018）らの研究では、医療サービスの事例において、便益・顧客参加・顧客満足の影響関係を明らかにした上で、医師と患者の関係性品質を起点とした便益・顧客参加・顧客満足モデルを提示している。その中で、価値観的便益を起点として、感情的便益と機能的便益の享受が促進された。また、医師と患者との関係性は価値観的便益の享受と患者参加に直接的な影響を及ぼすと結論している。また、高室（2018）は、便益遅延型サービスにおいて、ポジティブな参加意欲はいかに引き出されうるかという問いに対してインタビュー調査による質的研究を行った。その結果、価値観的便益と感情的便益についてはその都度形成が見られるという一方で、機能的便益は遅延が認められた。参加意欲が見られる患者には自己認識や価値観の転換とともに、そ

の転換を維持し続けようとする受容能力が認められたこと、その転換を支える価値観的便益の形成に寄与するものとして、医師および担当医、看護師と患者とのコミュニケーションが位置づけられた。

2-5. 高齢者における医療サービスの問題点

加齢に伴う健康度の低下による患者満足の低下

高齢者は病気による健康度の低下に加齢による健康度の低下が加わるため患者満足評価において不満足を形成しやすい。

健康度は加齢とともに低下していくが、その自然の低下から隔たりのない状態に維持することが医療サービスの基本的便益（機能的便益）と捉えることができる。患者は、治療を行うことで、病気によって身体的健康度が低下し始めた時点の健康度にまで回復することを期待するが、診療期間の間に加齢によって通常の健康度も低下しており、それ以上の回復は期待できないことから、患者満足は形成されないか、あるいは不満足が形成される。

がん医療における高齢者の価値観

高齢者は治療による後遺症が残る治療を好まないことや、治療の目標において延命の優先順位が低いことなど非高齢者とは異なる価値観や治療の選好を有しているため、診療を行う上では若者とは異なる対応が必要になる。

Fried（2002）は、高齢者の治療選択に関し、軽微な侵襲であればほとんどの患者は治療を希望するが、治療によって生き長らえるとしても重度の機能障害が残る状況では約75%が治療を受けない、重度の認知障害が残る状況では約80%が治療を受けないという報告がある。また、Akishita（2013）によると、約4,200人の日本人の高齢者を対象としたアンケート調査の結果、12項目の治療選択時の優先順位は、原疾患の改善の他、身体機能の改善、介護者の負担軽減、身体活動性の維持が上位であり、延命の優先度は下位のランクであった。このように、侵襲度の大きい抗がん剤の治療を行うにあたり、非高齢者は延命を最優先することが多いが、高齢者では、身体機能、認

知機能の維持を重要視することを念頭に置く必要がある。高齢がん患者を対象とした研究では、今井（2016）によると、高齢者は、「治療の意味をただ単に病気を治療することではなく、自分の人生をどのように生きるか、最後の人生をどのように生きるか、最期の状況を念頭に置きつつ、自分の生き方に対して受け入れていくものである。」また、篠岡（2019）は、高齢者は、「治療効果が乏しくなった局面では、死が近づいていることを自覚し、がんを消すことはできなくとも少しでも自分らしく生きたいと思い、最期を見据えた自分らしい生活に向かっていた。」と報告しており高齢者ならではの人生観や価値観であると思われる。

先行研究のまとめ

　高齢者のがん医療についての先行研究をまとめると以下のようになる。高齢者は非高齢者とは異なる価値観を有すること、医療サービスの特性として、医療者と患者間の情報の非対称性と医療に対する患者の事前期待の不明確性があること、および医療は便益遅延型サービスであるため、患者の治療への参加意欲が抑制されたり、患者満足で評価に歪みが生じたりすることである。しかし、病気が治ることが望めない高齢がん患者が、このような特性を有する医療サービスを受ける際に何が治療への参加の動機付けになっているかは明らかでない。また、患者満足度について、がん患者と医療従事者を同時に検討した研究もない。

　第一に、高齢者の価値観が若年者とは異なる。Fried（2002）によると、高齢者は、十分な効果が得られる場合であっても後遺症が残る治療は望まないことや、Akishita（2013）は、日本の高齢者の治療選択時の優先順位を検討したところ、原疾患の改善や身体機能の改善が上位であり、延命の優先度は下位のランクであったと報告している。

　第二に、医療サービスの特性として、藤村（2009）は、医療のデリバリーにおいて、患者は受動的な態度で診療プロセスに参加することや医療者と患者の間に情報の非対称性が存在することを指摘し、島津（2005）は、患者の事前期待の不明確性を挙げている。

第三に、藤村（2015a）は、医療などの便益遅延型サービスでは、サービス・デリバリー・プロセスへの患者参加の抑制や患者満足評価に歪みが生じることを報告している。

　高齢がん患者が、以上のような特性を有する医療サービスを受ける際に何が治療への参加の動機付けになっているのかは明らかではない。医療のサービス品質を向上させるには患者の治療への参加が必要であることから、患者参加を促進する要因を明らかにすることは重要である。

リサーチクエスチョンの設定
　以上の先行研究をもとにリサーチクエスチョンを導出した。
RQ1. 便益遅延型サービスにおいて、高齢がん患者の治療へのポジティブな参加意欲を引き出す要因は何か
RQ2. 機能的便益の享受が遅延あるいは望めない高齢者の進行がんの医療プロセスにおいて、どのような便益がどのようなタイミングで形成されるか
RQ3. 医療者は患者参加にどのようなタイミングでどのように関与しているか
　問題意識と先行研究から、高齢者は非高齢者と異なり生存期間の延長などの客観的アウトカムよりも QOL などの主観的アウトカムを重視する可能性がある。また、高齢者は治療だけでなく生活や社会的な支援が必要であることから、治療への参加意欲を高める要因は非高齢者とは異なる可能性がある。医療サービスの3つの便益である機能的便益、感情的便益、価値観的便益を用いて、高齢がん患者の医療プロセスで、これらの便益がどのように形成されるのかを確認し、医療者がどのように関与しているのかも検討する。

3. 調査対象と方法

3-1. 研究対象者

　本研究の対象は、A 病院に通院中で抗がん剤治療開始後1年以上経過し

病状が安定している 65 歳以上で治療へのポジティブな参加意欲を有する消化器がん患者とその患者に関わるがん医療を専門にしている医師、看護師、医療ソーシャルワーカー[5]である。対象とした医療機関は、病床数が 548 床、標榜科は 37 科を有する、地域での基幹的な役割と機能を有する病院である。

患者のポジティブな参加意欲は、自分の症状について自分から相談していく、診断や治療方針に納得のうえ治療を受けるなど、医師や看護師から指示されたことはきちんと守るとともに、自分からも積極的に医療者とコミュニケーションを取りながら治療を継続する行動様式を有する患者と定義した。研究対象者の設定理由は、消化器がんの疾患面における適合性については、生命への直接的な関わりが意識されるが、標準的治療が確立されている疾患であり、比較的生命予後が望める患者を対象とした。また、これらの対象は、便益享受の不定性、患者参加の必要性と困難性、およびサービス品質あるいは患者満足評価の困難性に該当する。

3-2. 方法

研究のデザイン

半構造化面接による質的研究

データの収集方法

1 人につき 30 分から 60 分で、研究者が予め作成したインタビューガイドに基づいた半構造化面接を実施した。研究対象者の許可を得て、インタビュー内容を IC レコーダーで録音し、記録内容は逐語録に起こして記述資料とした。

分析方法

本研究では修正版グラウンデッド・セオリー・アプローチ（M-GTA）を用いて分析した。グラウンデット・セオリー・アプローチ（GTA）は、

5　医療ソーシャルワーカー：患者の生活面の支援を行う病院内の専門職

1960年代にGlaserとStraussが考案し、データに基づいた分析から独自の理論を生成する質的研究法として、医療・介護・福祉などのヒューマン・サービス領域で注目されている。本研究では、実務者がより研究しやすいように、木下（2003,2007,2020）が新たに提案したM-GTAを用いた。M-GTAの要点は、データを分析テーマに照らし、研究者の視点で対象者にとってどんな意味があるかを解釈して説明的な概念を作り、複数の概念間の関係であるカテゴリーにまとめ、分析対象にした現象を説明する図式を提示することである。また、実践に応用し易い形で研究結果をまとめられるように工夫され、結果を実践現場で応用し、その有効性を検証することができる。

　本研究でどのように分析を進めたかを簡単に説明する。はじめに、分析テーマと分析対象者に照らして、データの関連箇所に着目し、それを1つの具体例（ヴァリエーション）とし、かつ、他の類似具体例をも説明できると考えられる説明概念を生成する。概念を創る際に、分析ワークシートを作成し、概念名、定義、最初の具体例などを記入する。データ分析を進める中で、新たな概念を生成し、分析ワークシートは個々の概念ごとに作成する。同時並行して、他の具体例をデータから探し、ワークシートのヴァリエーション欄に追加記入していく。具体例が豊富に出てこなければ、その概念は無効と判断する。生成した概念の完成度は類似例の確認だけでなく、対極例についての比較の観点からデータをみていくことにより、解釈が恣意的に偏る危険を防ぐ。その結果をワークシートの理論的メモ欄に記入していく。次に、生成した概念と他の概念との関係を個々の概念ごとに検討し、関係図にしていく。複数の概念からなるカテゴリーを生成し、カテゴリー相互の関係から分析結果をまとめ、その概要を簡潔に文章化し（ストーリーライン）、さらに関係図を作成する。

　次に、ひとつの概念の生成プロセスを示す。具体例として、「普通の生活ができる満足感」の分析ワークシートを示す（表2）。逐語録から分析テーマに関連がありそうな箇所に着目して、着目箇所を対象者の行為や認識に照らして解釈、定義して概念を作成した。解釈の恣意性を防ぐため類似例と対極例があるか確かめるため対極比較を行った。概念ができると具体例、定義、

概念名を分析ワークシートに記入した。

表2　分析ワークシートの例

概念名	普通の生活ができる満足感
定義	抗がん剤治療を続けても、これまで通りの生活が続けられる満足感
ヴァリエーション （具体例）	〈ファイル¥¥患者B--38分〉- §11 リファレンスがコード［5.28%カバー］ リファレンス1-2-0.92%カバー 今、そのがん医療のあれもちょっとは知ったし、今度はもう、家にいながら通院で普通の生活しながら、2週間に1回の通院で。副作用はちょっとありますけど、そんな大変じゃないし、家のことも全部できて、まだ習い事もしてるし。もう、今、私、いうても、がんやけど、今が一番幸せやっていう。 〈ファイル¥¥患者D--30分〉- §3 リファレンスがコード［4.07%カバー］ リファレンス1-0.51%カバー 前よりは、だいぶがんも小さくなって、元気に普通に生活できますね。良かったかなって思って。 〈ファイル¥¥患者-G〉- §1 リファレンスがコード［2.26%カバー］ リファレンス1-2.26%カバー その日は、火曜日は休んで、明くる日はぶら下げて仕事してますし、軽作業なんで、全然、仕事に支障はないんで。 以下省略
理論的メモ	生活を犠牲にしても治療を続けたいという発言（対極事例）はなかった。

倫理的配慮

「人を対象とする生命科学・医学系研究に関する倫理指針」に則り、A病院臨床研究倫理審査委員会（承認番号：748）の審査を受審し承認を得た。実際の運用にあたり研究者が主治医としてかかわっている患者は対象としない。同意説明前に、参加の可否について予め研究者を除く共同研究者で検討することで倫理的配慮を行った。また、研究対象者および家族から文書で同意を取得した。

4. 分析結果

4-1. 患者インタビュー

10人の患者インタビューから24個の概念を抽出した。概念同士の関連性から、14個のサブカテゴリーと5個のカテゴリーを作成した。5個のカテゴ

リーのうち4個は藤村の医療における便益を使用した。作成されたカテゴリー、サブカテゴリーをもとにそれぞれの関係性を示す関係図を作成した。

表3 調査した患者の属性

No	患者ID	年齢	性別	病名	同居家族の有無	インタビュー日時
1	患者A	70代	F	消化器癌	独居	2023/3
2	患者B	80代	F	消化器癌	息子と同居	2023/3
3	患者C	70代	F	消化器癌	独居	2023/3
4	患者D	60代	M	消化器癌	独居	2023/4
5	患者E	70代	M	消化器癌	妻と同居	2023/4
6	患者F	80代	M	消化器癌	子供と同居	2023/4
7	患者G	60代	M	消化器癌	妻と同居	2023/4
8	患者H	60代	F	消化器癌	独居	2023/4
9	患者I	70代	F	消化器癌	夫と同居	2023/4
10	患者J	70代	M	消化器癌	娘と同居	2023/5

表4 患者インタビューの分析結果

カテゴリー	サブカテゴリー	概念	発言頻度(n人/10人)	バリエーション(回)
関係性便益	医師との関係性	・医師との関係	8/10	29
	家庭での関係性	・家族との関係	7/10	18
		・信頼できる人との関係	2/10	6
		・訪問看護師やケアマネジャーとの関係	3/10	8
	コメディカルとの関係性	・看護師の接遇	7/10	12
		・医療スタッフの親切な対応	2/10	2
感情的便益	治療の納得感(情報品質)	・一人で意思決定	4/10	4
		・医師の説明の納得感	2/10	3
	病院の設備やスタッフの充実による安心感(構造品質)	・医療設備や診療科の充実による安心感	4/10	4
		・医師同士の連携体制	2/10	4
	病気との葛藤	・治療効果があって継続できる安心感	5/10	9
		・病気の進行の不安	4/10	5
	看護師との日常会話	・看護師との日常会話	5/10	15
価値観的便益	病気とのつきあい方	・死への覚悟	7/10	13
		・病気が完治しないことの理解	4/10	4
	人生の楽しみや喜び	・普段の生活が出来る満足感	6/10	17
		・今の生活が楽しければ良い感覚	2/10	2
	家族の存在	・家族のために生きる	5/10	6

機能的便益	治療効果の実感欠如	・治療効果の実感欠如	7/10	6
	医療の不確実性	・医療の結果の不確実性	2/10	4
	自覚症状の改善	・治療の早期に痛みなどの自覚症状の改善	2/10	3
患者参加	治療に対する前向きな行動	・体力を維持する行動	9/10	15
		・治療の合間の気分転換	4/10	12
		・出来ることは自らすすんで行う	2/10	4

4-2. 患者インタビューによる関係図

　図7のように、関係性便益を起点として感情的便益と価値観的便益が形成され、さらに感情的便益からも価値観的便益が形成された。そして、価値観的便益から治療継続行動（患者参加）が高まると想定された。痛みや苦痛などの症状があり治療により症状が改善した患者はその都度便益の享受が得られ治療への参加意欲が高まるが（主観的機能的便益）、病気の治癒という本質的な便益の享受は遅延ないし得られないことから（客観的機能的便益）、機能的便益の患者参加への影響は限定的と考えられた。

　第一に、医師と患者の信頼関係を基盤とした関係性が構築され、患者とコメディカルとの関係性がこれを補完する。さらに、家族との関係性、すなわち血縁関係だけでなく信頼のおける友人を含む関係性が構築される。これらにより関係性便益が形成される。

　第二に、関係性便益を起点として感情的便益が形成される。がんの告知により先行きが不透明になり不安が生じるが、医師の診断や治療方針に納得したり（情報的品質）、看護師とのたわいのない日常会話で心が癒やされたりして徐々に不安が軽減していく。また、治療の経過中には、病気が悪化しないかと不安になるが、医師から定期的に病状の説明を受けることで安心感につながる。これらにより感情的便益が形成され、価値観的便益の形成につながる。

　第三に、医療者がチーム医療を実践することで、関係性便益と感情的便益から価値観的便益が形成され、患者の価値観が現実的なものへ変容する。「病気が治らないことを理解」し、非高齢者とは異なり「死への覚悟」ができていることから、「病気とのつきあい方」や「日常生活ができることの楽しみ

や喜び」を感じることへ価値観が変容していく。また、妻や子供など家族が存在する場合は、家族のために生きたいという思いが生きがいとなる。チーム医療による価値観的便益の提供を通じて「病気になる前の自分に戻りたい」という事前期待から「これからどう生きていこうか」という新たな自分の物語の創出をサポートしていると考えられた。

第四に、価値観的便益から、できるだけ長い間治療が続けられるように、自ら運動したり、食事に気を配ったりする治療に対する前向きな行動につながり患者参加が高まる。患者参加が促進することにより患者満足が高まると考える。

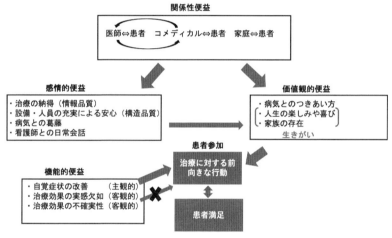

図7　患者インタビューによる関係図
著者作成

機能的便益

機能的便益は、【治療効果の実感欠如】、【医療の不確実性】、および【自覚症状の改善】の3つのサブカテゴリーから構成される。本稿では、機能的便益を病気の治癒といった医療本来の便益を客観的機能的便益とがんによる痛みや苦痛などに対し医療者がその都度治療を行って症状が改善する便益を主観的機能的便益に区分した。

▶私の場合は、日に日に良くなったでしょ。抗がん剤は全て効くし、何

これって思うほど、周りがびっくりするほど腹水が減ってお腹の張り
がなくなったでしょ。(患者C)

▶ MRIで現状維持やったら悪くなってないのやし、抗がん剤が効いて
いるなっていうことやし、初めから症状が無かったから、効いてい
るのかどうか分からない。(患者B)

　高齢者であるため、時間の経過とともに徐々に加齢による機能低下を認め、
治療プロセスの中期以降は病気の進行による機能低下が上乗せされる。その
ため、抗がん剤治療を継続しても良くなったという実感が持てず、CTなど
の画像検査で治療が効いていることを判断するに留まることから客観的機能
的便益の享受は遅延している。一方で、治療開始時に、痛みや苦痛などの自
覚症状を伴う場合は、手術や抗がん剤治療を行うことで、症状が軽減して主
観的機能的便益の享受が得られ患者参加につながった。以上から、がん治療
における生存期間の延長など客観的な機能的便益の享受は遅延するが、痛み
や苦痛など主観的な機能的便益の享受は医師による積極的な緩和治療や抗が
ん剤治療の効果によりその都度得られる。

関係性便益
　関係性便益は、【医師と患者の関係】、【家庭と患者の関係】と【コメディ
カル[6]と患者の関係】の3つのサブカテゴリーから構成された。3つの関係
性の中で、医師と患者の関係性が最も重要である。しかし、時間的制約のため
医師一人で患者の病気以外の生活状況や患者の価値観などを十分に把握するこ
とは困難である。そこで、看護師や医療ソーシャルワーカーなどのコメディカルが
患者と関係性を構築して情報を収集し医師と共有することで、さらなる密接な関
係性が構築できる。そのためには、医師、看護師、薬剤師、医療ソーシャルワー
カーなどからなるチームで患者の診療に当たることが重要である。

6　コメディカル：医師以外の医療従事者で、医師と協働して医療を行う職種

【医師と患者の関係性】

　医師と患者の関係性は、医療における最も基本的な人間関係（信頼関係）であり、医師と患者の関係性の質は患者の態度に大きな影響を与える。医師との関係は、医師との信頼関係と医師の指示に従った行動の2つの概念から構成された。医師と患者の関係性は、感情的便益の【治療の納得】と価値観的便益の【病気とのつきあい方】に正の影響を与え、【治療に対する前向きな行動】（患者参加）を促進する。

　▶先生がどのように思ってはるかは、全然わからへんけど、自分が直感で合うと思うと信頼できるし、お任せできて安心もする。こんなんしはったらどうやって言われたら、自分のことを考えて言うてくれはると思えるから、もう全面的にやれることをやろうっていう気になる。（患者B）

　▶治療って、私は、最初から先生を信頼することだとずっと思ってきました。これをなくして、絶対治ることはないと思っています。あとはもう、本当に全てお任せでいこうと最初から思っていました。（患者C）

　▶医師一人で患者さんを診る事はできないので、いろいろな職種の方に介入していただいて、病院組織で患者さんを支えていくことが重要と思います。また、医師の説明は治療や症状とかに終始しがちで、医師に対してものが言いにくいところがあるので、看護師や他のコメディカルが途中で話を聞いてくれたりすると、最終的にわれわれもそれを生かせると思います。（医師A）

　医療において医師と患者の信頼関係は重要であり、信頼関係が無ければ治療を続ける事はできない。信頼できる医師かどうかは、初対面でも医師の表情や話し方、声のトーンなどで直感的に判断されることがある。また、医療サービスは高度に専門化されており、また医療者と患者には情報の非対称性

が存在するため、患者自身で判断することは難しい。そこで、自分では判断せずに、信頼のおける医師に治療方針の決定を全面的にまかせることがしばしば起こる。一方で、高齢者の場合には医療以外の家族構成や生活面など社会的な情報収集や配慮が必要になる。医師が診察にかけられる時間が限られているため、医師以外の医療スタッフが介入してチームで患者を支えることが必要になる。

【コメディカルと患者の関係性】

コメディカルとの関係は、看護師の接遇と医療スタッフの親切な対応から構成される。

> ▶看護師Bさんが、私があなたの担当ですよと、来て下さって、すごくテキパキとされて、食べられないのを予測して、「食べたいものを食べたいときに、食べたいだけ食べるのが、がんの治療よ」といわれてびっくりしました。でも頼もしいですね。（患者C）

> ▶親切にしていただいています。細かいところまで気を遣っていただいて、優しい人ばっかりです。（患者D）

看護師の優しく接する態度により患者へ安心感を与えるとともに、抗がん剤治療を続けることは副作用により苦痛を伴うことがあるが、看護師がやさしく接し治療に対するアドバイスをすることで安心して治療を続けることができる。

【家庭と患者の関係】

家庭と患者の関係は、家族との関係、信頼できる人との関係と訪問看護師やケアマネジャー[7]との関係から構成される。

7　ケアマネジャー：介護支援専門員とも呼ばれ、介護保険におけるケアプランの作成やサービス事業者との調整を行うスペシャリスト

▶子供の気持ちが再確認できたから、何かあったら何とかしてくれるわ、みたいな安心感があるから、今やったら、自分のことだけ考えていたらいいから、時間も自分の好きなように使えるし、今が一番いい、この時間を少しでも長く続けたい。(患者 B)

▶娘の励まし一つです。とにかく治療に対して私を確認します。今日はしんどかったの？今日はどうだったの？ 私が少しでも疲れたって言うと、しんどい？ってチェックするのです。(患者 C)

▶私もやっぱり頼るのは主人だけなのでね。お互いに助けあっていこうと言っています。(患者 I)

▶知人の A さん、娘より言ってくれるし、娘にも意見してくれるみたいで、遠く離れているのだしお母さんのことは私にまかせときやって言う。LINE もしているみたいで、私の知らないところでやっているのがすごく励みになる。内容は知らないけど、みんなでタッグを組んでしてくれているのが（省略）(患者 A)

　家族が患者を気遣ってくれていることを患者自身が自覚すると、治療を頑張ろうという動機付けになる。一方、家族のいない独居であっても信頼のおける友人が家族のように気にかけてくれると、何かあっても何とかなるという安心感につながる。老老介護をしているケースでは、夫婦の一方の症状の悪化により寝たきりになると、生活事態が困難になるリスクをはらんでいる。

感情的便益
　感情的便益は、【治療の納得感（情報的品質）】、【設備・人員の充実による安心感（構造的品質）】、【病気との葛藤】、【看護師との日常会話】の４つのサブカテゴリーから構成された。

【治療の納得感（情報的品質）】
　治療の納得感は、自分での意思決定と治療方針の納得から構成された。

> ▶初めに○○先生が、いろいろ説明してくれはって、遺伝子レベルのこととか、詳しく説明してくれて、なんか納得できたというか、焦りとか全然無かった。（患者 B）

> ▶全部、自分で考えて納得して、右なんか左なんか、それこそ立ち止まるのか、前へ進むのかを全部自分で決めてきたような気がするのです。（患者 G）

　医師と患者の信頼関係を前提に、医師が病気のことを患者に詳しく説明して理解したり、医師の説明をもとに患者自身が治療方針に積極的に関わったりすることで治療への納得感が得られる。

【設備やスタッフの充実による安心感（構造的品質）】
　設備やスタッフの充実による安心感は、医療設備や診療科の充実による安心感と医師同士の連携体制からなる。

> ▶その都度検査をやっていただけるし、過去の MRI や CT の写真が連動しているから心強い。（患者 A）

> ▶小さい病院と違って、薬の副作用が出ても対応の仕方を知っている先生にすぐに対応してもらえる。そういうことで安心感がものすごくありますね。いいなと思っています。（患者 J）

　診療科や CT や MRI などの画像診断機器が充実していることから、必要な診察や検査がすぐにできる。また、診療科が異なっても電子カルテを通じて医師同士が情報の共有を行っていることから患者は安心感を感じる。

【病気との葛藤】

　病気との葛藤は、病気が進行することの不安と治療効果があって継続できる安心感の2つのサブカテゴリーから構成される。

> ▶再発したときに、息子が来たぐらい大変なことなのだと思いました。再発っていうのは、もう今回で終わりかと実は思いました。でもリムパーザ（内服の抗がん剤）が出てきたでしょ。もう5年も飲んでいるのです。そろそろ効かなくなるのじゃないかといった不安があります。（中略）今、CTを見ていただいても、血液検査をしていただいても、変化ないですよと言ってくださるでしょ。ですから私は今治療に対してほとんど心配が無いのです。（患者C）

> ▶悪化しないかと不安もありますが、CTで前よりも、がんが小さくなって、元気に生活できていますね。良かったなって思います。（患者D）

　病気が進行して痛みや苦痛が出てくるのではないかといった不安がある一方で、治療を行うことで良くなったことを自覚症状から判断できなくても血液検査やCTなどの画像検査で進行が抑えられていることを医師から聞くことで安心感を感じる。

【看護師との日常会話】

> ▶ここの（外来化学療法センター[8]）治療してくれる看護師さんがずっと回りながら注射を見ながら、時々冗談を言う、ばか言う、ちょっと助けられる部分ってあるよね。（患者A）

> ▶一番初めは、抗がん剤を点滴するところが、どんなもんか分からないし、ちょっと不安でした。そしたら、受付の看護師さんが「おはようございます」とにこやかに大きな声で言ってくれはって、それでほっ

8　外来化学療法センター：外来で抗がん剤治療を行う部門、以前は入院で行うことが多かったが、最近は治療薬の進歩によりほとんどの治療は通院で行うようになった

としたのです。私、もっと暗いイメージがあったから、「明るう」と思ったのです。採血した後は、診察まで30分くらい時間があるから、みんな喫茶店とかにいかはる。看護師さんが、「行ってらっしゃい」って、帰ってきたら「お帰りなさい」っていわはるのですね。病院で「行ってらっしゃい」とか「お帰りなさい」とか聞いたことがなかったから、すごく印象に残っています。治療中は、リラックスしています。(患者B)

　看護師が患者に家庭的な雰囲気で接したり、抗がん剤の治療中も点滴の管理をしながら、世間話をしたりすることで患者はリラックスして治療を受けることができる。看護師が意識せずに行っている言動が患者に安心感を与えていることになる。医療サービスの顧客である患者は病気のためネガティブな気分で来院することから、これをポジティブな状態に転換することは治療への参加意欲の向上に貢献する。

価値観的便益
　価値観的便益は、【病気とのつきあい方】、【人生の楽しみや喜び】、および【家族の存在】の3つのサブカテゴリーから構成される。病気が治らないこと理解し、非高齢者とは異なり死への覚悟ができていることから、【病気とのつきあい方】や【日常生活ができることの楽しみや喜び】へ価値を見いだすようになる。また、妻や子供など家族が存在する場合は、家族のために生きたいという思いが生きがいとなり価値観的便益を形成する。

【病気とのつきあい方】
　病気とのつきあい方は、完治しないことの理解と死への覚悟から構成される。

> ▶根源に治らんっていうのがあるのやから、やっぱりそれやわ。最初の時に先生から、小さくはなるけど絶対に治らないと言われました。肝に銘じています。治らん、それが、がんやもん。(患者A)

▶年齢も年齢で、もう仕方ないという諦めもあったかもしれん。子供たちもいるし、それでわりと納得できた。これはもう完治しませんって言われているし、でもなんとなくやれることはやろうと、その時に思った気がします。（患者 B）

▶年齢ですから、良くなることは無いと思っています。むしろ、人生の終わりに近づいているから、弱ってくるのは当たり前、今の状態が持続できればいいのです。（患者 C）

　調査対象の患者は、抗がん剤治療の目的が完治することではなく、現状を維持することであることをしっかり理解している。また、若い人とは異なり、十分生きてきたことから死への覚悟ができている。治療の初期は治りたいという気持ちが強くても、医師からの説明で完治は難しいことを徐々に受け入れ、現状を維持することに価値観が変容していく。

【人生の楽しみや喜び】
　人生の楽しみや喜びは、今が楽しければ良い、普段の生活ができる満足感の2つのサブカテゴリーから構成された。

▶2週間に1回の通院で治療ができている。副作用は少しあるけど、それほど大変ではない。家のことも全部できて、まだ習い事もしている。私はがんやけど、今が一番幸せやと思う。（患者 B）

▶病気になったら、いつ悪くなるか分からないしね。将来のことはあまり計画も立てられない。今を楽しく生きられたらいいかなと思うのです。（患者 D）

▶抗がん剤治療の日は仕事を休んで、翌日は、ポンプ（抗がん剤が入った容器）をぶら下げて仕事をしていますし、全然仕事や生活に支障ありません。（患者 G）

患者は、がんになって抗がん剤治療が始まっても病気になる前と同じような生活が送れることに喜びを感じ、先行きが不透明な状況でも日々の生活が充実して楽しければ良いことに価値を感じる。このように患者の価値観が変容することで、「病気になる前の自分に戻りたい」という事前期待から「これからどう生きていこうか」という新たな自分の人生の物語を創出していることがうかがえる。

【家族の存在】
　家族の存在は、家族のために生きるから構成される。家族には妻、子供や孫の他、ペットも含まれる。

> ▶娘一人を残しては逝けないという思いと、老犬がいるのです。その子（犬）をちゃんと最後まで世話してやらないと。犬にいつも語りかけているのは、「リンちゃん、お母さんより先に死ぬのだよ」、私がきちんと治療を受けることによって、少しでも生かせていただければと、今はその思いです。（患者C）

> ▶家族のためとか、子供のためとか。見送る側の方が辛いから、見送られるよりね。年は俺の方が上やけど、見送るようになろうと思って。ちょっと頑張って治ったらいいなというふうに考えたこともあります。（患者E）

　家族やペットの存在が生きがいとなり、自分が先に死ぬわけにはいかない。そのために治療を続けるということである。

患者参加（治療に対する前向きな行動）
　治療に対する前向きな行動は、【体力を維持する行動】、【できることは自分で進んで行う】、【治療の間の気分転換】の3つのサブカテゴリーから構成される。

▶私のできることは限られています。良いルーティンに従うこと、生活習慣をきちんと整えて、自分の勤めを毎日果たすこと、その中で休息を必ず取ること。そして一番やったのは食事療法です。（患者C）

▶フラダンスとハーモニカ、それは病気になる前からやっていたのです。がんになって、できんようになると思っていたのですが、家に閉じこもってはいけないと思って続けています。今まで1年半、一回も休んだことがありません。（患者B）

　患者は、抗がん剤治療が少しでも長く継続できるように食事に気を配ったり、運動をしたりして体力を維持する行動をする。また、治療だけに専念するのではなく、病気になる前にしていた趣味などを行い気分転換も図っている。

4-3. 医療者インタビュー

　7人の医療者のインタビューから20の概念を抽出し、概念同士の関連性から、5つのサブカテゴリーを作成した。患者中心の医療、チーム医療、情緒的配慮、家族への配慮、生活者としての患者の視点の5つである。

表5　調査した医療者の属性

No	医療者	年齢	性別	職種	インタビュー日時
1	看護師-A	40代	F	認定看護師	2023/4
2	MSW-A	30代	F	MSW	2023/4
3	看護師-B	40代	F	認定看護師	2023/4
4	MSW-B	40代	F	MSW	2023/4
5	看護師-C	40代	F	看護師長	2023/4
6	医師-A	40代	M	がん専門医（内科系）	2023/4
7	医師-B	50代	M	消化器外科医	2023/4
8	訪問看護師-A	不明	F	管理者	2023/4
9	訪問看護師-B	不明	F	管理者	2023/4

表6 医療者インタビューの分析結果

サブカテゴリー	概念	発言頻度 (n/7人)	バリュエーション (回)
患者中心の医療	・価値観の尊重	5/7	21
	・患者さんが自分事として理解する	4/7	5
	・患者と医療者の信頼関係	2/7	2
チーム医療 (関係性便益)	・職種間での情報共有	7/7	14
	・医療者間でのコミュニケーション	4/7	6
	・専門看護師の介入	2/7	2
情緒的配慮 (感情的便益)	・患者さんに傾聴し共感する	4/7	4
	・安心できる場の設定	4/7	5
	・何でも相談できる場の設定	2/7	4
	・患者さんを承認する	2/7	2
家族への配慮 (価値観的便益)	・意思決定における家族の意向	3/7	5
	・家族の満足感	1/7	1
生活者としての患者の視点 (価値観的便益)	・地域での連携	5/7	14
	・生活面の情報収集	5/7	11

4-4. 患者と医療者インタビューの関係図

　医療者インタビューと患者インタビューから、「高齢者のがん医療における価値共創モデル」を導出した（図8）。医療者は、患者中心の医療とチーム医療が基盤にあり、家族への配慮が関係性便益に、情緒的配慮が感情的便益に、生活者としての患者の視点が価値観的便益にそれぞれ関連した。患者が重要と感じるカテゴリーと医療者が重要とするサブカテゴリーは一致していた。また、患者中心の医療、チーム医療、および生活者としての患者の視点は全ての医療者が指摘したサブカテゴリーで最も重要である。

患者中心の医療
　患者中心の医療[9]は、価値観の尊重、患者が治療方針を自分のこととして

9　患者中心の医療　「患者の治療方針を最終的に決めるのは患者自身である」という考えに基づき、医療者側が患者に十分な説明・教育を行い、患者の人間性を尊重した医療を行うものである

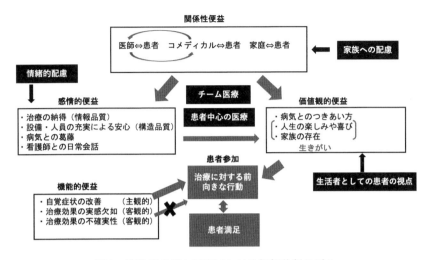

図 8 高齢者のがん医療における価値共創モデル
著者作成

理解する、患者と医療者との信頼関係の 3 つの概念から構成された。

▶患者さんがこれからどのように過ごしたいのか、今までの生活・人生で何を大切にしてこられたかをお聞きして、できるだけそれに沿った方向の支援をしていきたいと思います。(MSW-A)

▶ご高齢の方に関しては、それほど寿命が延びなくても家族との時間を過ごすとか、孫の成長が見たいとか、それぞれ治療を受けて頂くためのゴール設定がそれぞれ違うと思いますので、それらを一人ひとり確認していくことが非常に大切かと感じています。(医師 A)

▶ある程度自分の好きなことができる期間を、どれだけ長く取れるかってことを目標にすることを伝えながら、根治性がないと分かった段階でなるべくお伝えはしています。(医師 B)

▶患者さんの価値観は患者さんとの信頼関係ができた頃に聞くようにしています。患者さんとの会話の中で、この人が今大事にしているのはここかなって気づくと、「そういうことを大事にしてはるのですね」と尋ねて、もう少し突っ込んで聞いてみたりしています。(看護師C)

　医療者は、患者の価値観を確認して、できるだけ価値観に沿った医療や支援を行うことを心掛けている。また、患者が主体的に治療に取り組むことの重要性も指摘している。

チーム医療
　チーム医療は、職種間での情報共有、医療者間でのコミュニケーション、継続的な看護師の関わりの3つの概念から構成された。

　▶私が直接支援することもあるのですけど、患者さんにとって身近な他の医療者がいれば、自分が得た情報を患者さんにとってより身近な医療者にお伝えして、その医療者が患者さんに関わっていけるように、側面的に支援をさせて頂くこともよくあります。(MSW-B)

　▶医師一人で患者さんを診る事はできないので、いろいろな職種の方に介入していただいて、病院組織で患者さんを支えていくことが重要と思います。また、医師の説明は治療や症状とかに終始しがちで、医師に対してものが言いにくいところがあるので、看護師や他のコメディカルが途中で話を聞いてくれたりすると、最終的にわれわれもそれを生かせると思います。(医師A)

　▶他職種の方は、新しい視点や違う視点があり、私たちが持っていない情報を割と持っていらっしゃるので、そういうところのお話を聞いたりして、それをケアに生かしたりしています。(看護師A)

医師、看護師、医療ソーシャルワーカー、およびその他の医療者は、それぞれの職種の専門性を活かして、患者一人ひとりの価値観に沿った医療を提供することが重要であると考えている。医師は、個々の患者に対して適切な診断と治療を行い、看護師は、患者が自身の価値観に沿った治療の選択ができるように意思決定の支援を行い、医療ソーシャルワーカーは、患者の家庭や生活状況を把握して必要な医療や介護サービスの提案を行うことである。

情緒的配慮

情緒的配慮は、患者に傾聴し共感する、安心できる場の設定、なんでも相談できる場の設定、および患者を承認するという4つの概念から構成された。

▶患者さんは不安が大きいので傾聴が基本と考えています。その不安を少しでも和らげるような傾聴を心掛けています。(MSW-A)

▶患者さんの話をしっかり聞いてみると、治療をしたくない理由が腑に落ちることも沢山あったので、そこで整理を一緒にするってことは大事なのかなって思いました。また、副作用のセルフケアをしている患者さんに、「保湿剤を塗ってくれましたね。しっとりしてきましたね」といったフィードバックをするようにしています。(看護師B)

▶病院に来て誰かと話をするのが生きがいっていうか、1つの楽しみになっている方はいるので、こういう普通の会話ができるっていう、まだ生活できているっていう安心感は大切だと思います。(MSW-A)

看護師や医療ソーシャルワーカーは、がんと診断されて不安を抱える患者に対して、患者の思いを傾聴して、一緒に考えながら不安を解消する援助を行っている。また、抗がん剤の副作用対策のために患者自身が行っているセルフケアに対して承認してあげることで治療への参加意欲が高まっている。

家族への配慮

　家族への配慮は、意思決定における患者の家族の意向と患者の満足感の2つの概念から構成された。

> ▶本来は本人の意思を最優先と、建前はそうですけど、でも結局、本人は一人で生きていけるわけではないので、家族の様子を見ながら生きている人が多いように思います。病気が進行するにつれて、「家族の人にもいっぺん説明せなあかんし」と言いながら家族の人にも入ってもらうことが多いですね。（医師B）

> ▶高齢の方は自分で意思決定するっていう、人生の選択の機会が少なかったと思います。日本的な社会文化背景の中で、家族に委ねるってことが、医療の現場になると如実に表れていると思います。家族が先行して患者さんの治療の選択を行っているのも多いと思います。（MSW-B）

　高齢に伴う患者の判断能力の低下のため、医療者が治療方針を決める際には家族の意向を確認してから行うことが多い。また、病状の説明する際には、本来なら患者に直接伝えるべきであるが、家族がそれを希望しないこともあるため、予め家族の意向を確認してから説明することもある。患者の判断能力が低下している場合は、可能な範囲で患者の意向を確認しながら、家族と方針を決めることもある。

生活者としての患者の視点

　生活者としての患者の視点は、地域での連携と患者の生活面での情報収集の2つの概念から構成された。

> ▶特に一人暮らしの高齢者の方で体調変化が予測される方は、できるだけ早く病院の中だけでなく、地域での支援のつながりを持ってもらうように意識しています。高齢者であれば比較的、介護保険につながり

やすいので、地域包括支援センターやケアマネジャーのいる事業所などと情報共有するようにしています。(MSW-B)

▶クリニックの先生との連携を深めて、患者のことですぐに相談できる体制を作っておけば、患者さんの安心にもつながると思います。(医師B)

　若い患者と異なり、高齢のがん患者の場合は、病気以外に心理的、経済的、社会的問題を抱えていることが多いため、単に病気のことだけを考えているだけでは不十分で、自宅での生活のことも考えて早い段階で情報を収集し支援していく必要がある。

5. 考察

　本研究では、先行研究では指摘されなかった3つの知見があった。すなわち、主観的機能的便益による治療への参加意欲の促進、関係性便益とチーム医療、生活者としての患者の視点で捉える価値観的便益である。本章では、これらの視点について考察し、高齢者の患者満足を促進するためのマネジメントとして、「価値共創型がん地域包括ケアモデル」を提案する。
　1つめは、がん医療において、主観的機能的便益による治療への参加意欲の促進である。客観的機能的便益が享受できなくても、主観的機能的便益を速やかに提供することが患者参加を促進する上で重要である。
　2つめは、関係性便益とチーム医療である。先行研究では、医師や看護師とのコミュニケーションの重要性は指摘されたが、医師と患者だけでなく、家族を含めた関係性が重要であることが明らかになり、新たなカテゴリーとして関係性便益とした。また、関係性便益から価値観的便益を形成するにはチーム医療が重要である。
　3つめは、生活者としての患者の視点で捉える価値観的便益である。価値観的便益の形成を通じて病気になる前の健康状態に戻りたいという事前期待

から、現実的な方向と水準に価値観が変容する。このような患者の価値観を尊重した医療やケアが提供できるように病院だけでなく地域で患者を支える「価値共創型がん地域包括ケアモデル」を提案した。

5-1. がん医療の患者参加における主観的機能的便益の重要性

　本研究の対象になった患者は、医療の本質的な便益である病気の治癒や回復という客観的機能的便益は得られないが、がんに伴う痛みや苦痛など主観的機能的便益は医師の治療によりその都度享受することができた。治療への参加意欲を促進するには、医療者は主観的機能的便益を遅滞なく提供することが重要である。

　本研究では機能的便益を客観的機能的便益と主観的機能的便益に区分した。客観的機能的便益は、藤村（2015a）が提唱した医療における3つの便益の1つである病気の回復や治癒という機能的便益に相当する。主観的機能的便益は、がんに伴う痛みや抗がん剤治療の副作用による吐き気など患者が主観的に感じる症状を改善する便益である。これらの主観的機能的便益は医師による適切な治療によりその都度享受され遅延することはない。また、主観的機能的便益を享受することにより、日々の小さな体調変化を感じることで、それが内的報酬となって治療への参加の動機づけになる。主観的機能的便益を享受することで治療への参加意欲が高まることは本研究の患者インタビューから【自覚症状の改善】の概念でも指摘している。本研究で対象としている患者では、病気の回復や治癒という客観的機能的便益は得られないが、主観的機能的便益を遅滞なく享受できることで治療への参加意欲が高まることが明らかになった。

5-2. 高齢者の関係性便益、感情的便益

　本研究では、患者と医療者および患者と家族の関係性を含む関係性便益が重要であることが明らかになった。医師と患者の関係性が重要であることは、

これまでも複数の先行研究で報告されてきた。本研究でも、医師は患者との信頼関係をもとに、患者医師関係モデルを使い分けていた。さらに、医師と患者だけでなく、コメディカルと患者の関係性、および患者と家族の関係性(これは血縁関係だけに留まらず、信頼のおける知人やペットなども含む)からなる関係性便益の重要性が明らかになったことは新たな知見である。

患者と医師との関係性

高齢がん患者は医師との信頼関係を前提に、家族やコメディカルの関係性を含む関係性便益を形成し、次に関係性便益を起点に感情的便益と価値観的便益を形成し、患者参加や患者満足につながることが明らかになった。関係性便益の中でも医師と患者の関係性が重要である。その理由として3点ある。

第一に、先行研究ではがん治療の意思決定において医師の信頼や推奨を最も重視しているからである。Puts (2015) によると、高齢がん患者ががん治療を受け入れるか拒否するかの決定に影響を与える要因の系統的レビューによると、治療を受け入れるための重要な要素は、治療の利便性と成功率、治療の必要性の判断、医師への信頼、医師の推奨に従うことであると報告している。

第二に、医師と患者の相互作用により患者満足が高まることが示唆されるからである。Stiles (1979) によると、医師と患者の相互作用によって患者が満足する場合、その満足は感情的満足と認知的満足から形成される。感情的満足は、患者が医師から温かく理解されたと感じたときに生じ、認知的満足は、医師が患者に情報を与え、自分の病気と治療について理解した際に生じると報告している。本研究における関係性便益の中で、「初めての診察の時でも医師の表情や話し方、声のトーンなどで、その医師と合うか合わないかが直感的に分かりその後の信頼につながる」ことは感情的満足に該当する。また、感情的便益の中で、医師と患者の信頼関係を前提に、「医師が病気のことを患者に詳しく説明して理解したり、医師の説明をもとに患者自身が治療に積極的に関わったりすることで治療の納得感が得られる」ことは認知的満足に該当する。

第三に、医師と患者が良好な関係を構築することにより、患者が治療へ参加することが促進されサービス品質にも好影響を与えるからである。Greenfield（1985）は、医師と患者の関係性が良好であれば、患者の医師からの情報収集が2倍効果的であり、治療へも積極的に取り組むようになり、診療場面で医師と患者の対話を通じて、患者が治療への関与を高めると患者満足が高まると報告している。

患者の価値観を考慮した医師患者関係

　医療行為は、患者の人生に深く関わるものであるため、患者の価値観を考慮した医師患者関係が重要になる。高齢者の医療において、Emanuel（1992）の父権主義モデルが採用されることが多いが、治癒することが困難ながん医療において、患者の価値観に沿った医療を選択する手助けをする解釈モデルや患者とともに対話しながら考えていく対話モデルが望ましい。

　Emanuel（1992）らは、患者と医師関係において患者の価値に着目した4つの医師患者モデルを提唱した。すなわち、父権主義モデル、情報提供モデル、解釈モデル、対話モデルである。父権モデルは、医師は患者の保護者として行動し、患者の病状と病気の進行段階を判断し、患者の健康を回復させたり痛みを改善させたりする可能性が最も高い医学的検査や治療法を特定し実施する。情報提供モデルは、医師は患者に対し、患者の病状、可能性のある診断・治療介入の内容、介入に伴うリスクと便益の性質と可能性、不確実な知識などを伝え、医師が実施することを目的とする。医師は事実のみを伝え、患者の価値観は判断しない。解釈モデルは、患者の価値観と患者が実際に望んでいることを明らかにすることであり、患者がこれらの価値観を実現するために利用可能な医療介入を選択するのを助けることである。対話モデルは、患者が医療で実現可能な価値を選択できるよう助けることを目的としている。医師は患者の臨床状況を明らかにして、利用可能な選択肢を提示する。Emanuelらは、理想的な医師患者関係は対話モデルであると主張している。対話モデルに不可欠な対話プロセスは患者の自律性を明確にするのに重要であるからである。医師の役割は、患者の置かれている医療的な状況と

健康に関係する価値観を統合していくことである。

　本研究では、医療は専門性が高く、高齢者自身が治療方針を選択することが難しいことから、医師との信頼関係を前提に医師の判断に任せたいといった父権主義モデルが選択されることが多かった。父権主義モデルが選択されることが多いことは、Tsuboi（2020）らの報告と一致する。その他、患者の価値観を尊重して対話しながら治療方針を決める解釈モデルや対話モデルも存在した。しかし、患者に全ての情報を提供し患者自身が意思決定する情報提供モデルは存在しなかった。治癒することが困難ながん医療において、患者の価値観に沿った医療を選択する手助けをする解釈モデルや患者とともに対話しながら考えていく対話モデルが望ましい。客観的機能的便益が望めない状況で治療への参加意欲を高めるには、医師は感情的便益や価値観的便益を提供して患者の価値観に沿った治療が選択できるように支援することが重要である。

チーム医療で支えるがん診療

　患者の意思決定にあたり、医師の推奨が重要であるが、時間的制約があるため看護師や医療ソーシャルワーカーなど多職種がその専門性を発揮して患者に関わるチーム医療が重要である。チーム医療を行う中で、医療者はサービス・デリバリー・プロセスで患者との協働によって患者の事前期待を望ましい方向と水準に変容させ新たな患者の人生の物語の創出をサポートする。

　高齢者の意思決定プロセスは若年者と比べて複雑である。身体的・心理的・社会的機能の違い、高齢者特有の価値観や治療選好、家族との関係、がん治療におけるエビデンス不足などがその原因である。Tsuboi（2020）らは、高齢がん医療において、医師が高齢の進行がん患者に対する治療提示に困難を感じていた原因は、多様な高齢者をアセスメントする時間の不足、および高齢者のがん治療エビデンスの不足であった。主治医以外にがん専門看護師や医療ソーシャルワーカーが介入するチーム医療によって、患者理解および医師・患者関係の構築が容易になり、より良い意思決定支援につながる可能性があると指摘している。本研究でも医師が、「患者の診察の時間が限られて

おり、また高齢者の場合には医療以外の家族構成や生活面など社会的な情報収集や配慮が必要になるため、医師以外の医療スタッフの介入が必要になる」と発言しており、よりよい高齢者のがん医療を行うためにはチーム医療が不可欠である。患者と医療者との関係性については、藤村（2015b）と森藤（2018）は、医師と患者との関係性は価値観的便益の享受と患者参加に直接的な影響を及ぼすことを、高室（2018）は、価値観的便益の形成に寄与するものとして、主治医および担当医、看護師と患者とのコミュニケーションが重要であると結論している。高齢者のがん患者を対象とした本研究では、医師と看護師以外に自宅での生活を支援する医療ソーシャルワーカーや血縁関係の家族だけでなく信頼のおける友人やペットとの関係性も価値観的便益の形成に重要であることが明らかになった。

　鷲野（2002）は、チーム医療を「専門性志向」「患者志向」「職種構成志向」「協働志向」に分類している。「専門性志向」とは、医療が高度化し専門分化する中で、医療者が高度で専門的な知識と技術を持ち、自らの専門分野で専門性を発揮することで、「患者志向」とは、医療者の都合よりも患者の問題解決を最優先にすることと、患者の意向が尊重されることで、「職種構成志向」とは、チームのメンバーとして必要な職種が病院に雇用されていることで、「協働志向」とは、複数の職種が対等な立場で互いに尊敬し合い、協力して業務を行うことである。

　患者中心の協働的なチームの形成は、医療者と患者の相互作用から始まる。この時、患者が話しやすいような環境整備が重要である。また、家族の存在は、チームの担い手として重要である。家族は、患者にとって有用な頼れるサポート源になり得るからである。そして、医療者が患者から得た情報は、チーム内の他の医療者と共有される。複数の職種が協働してケアに関わることによって、異なる視点からニーズを捉え、異なる知識や技術を提供することが可能となる。患者がその人らしく生きられるように患者の価値観に沿った援助（チーム医療）を行うことで、過程品質が向上するとともに患者が価値観的便益を享受できるようになる。高齢がん患者が、生活や治療を継続するためには、病院では医師、看護師、薬剤師、医療ソーシャルワーカーなどが、地域では訪問医、訪問看護師、

ケアマネジャーなどが、それぞれの専門性を発揮して職種間の垣根を越えて連携して患者志向の医療を行うことが重要である（図9）。

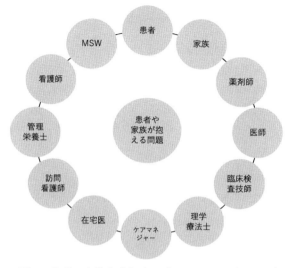

図9　患者・家族も参加する「チーム・アプローチ」
著者作成

5-3. 高齢者の患者参加における価値観的便益の重要性

　医療は専門性が高く情報の非対称性があるため、患者が患者満足の前提になる明確な事前期待を形成することは困難である。サービス・デリバリー・プロセスのなかで、医療者と患者の相互作用（チーム医療）の中で価値観的便益が形成され、患者の事前期待が現実的な期待に変容することで患者参加が促進する。価値観が転換するメカニズムとして、心理学的には、Erikson（1986）の老年期の発達課題である自我の統合と英知の統合であり、Frankl（1946）心理学では、態度価値である。

価値観的便益による事前期待の変容
　病気になる前の健康状態に戻りたいという曖昧な事前期待が、チーム医療

を行うことで価値観的便益が形成され、「普段の生活ができること」や「今の生活を楽しめれば良い」といった望ましい方向と水準に価値観が変容する。新たな自分の人生の物語を創出することで治療への患者参加が促進し患者満足につながる。

　Oliver（1980）の期待不一致理論によると、患者満足は、事前期待と実際に受けた経験の知覚成果とを比較して、知覚成果が事前期待と同等あるいは、それを上回る場合は患者満足を形成し、下回る場合は不満足を形成する。医療サービスにおける事前期待は、病気の罹患前と同じ健康状態と社会生活に戻ることである。便益遅延型サービスでは、成果（機能的便益）の享受が遅延するため、患者満足に対する期待の一致・不一致の程度、知覚水準の影響は低下することから、期待水準が大きな役割を果たすことになる。しかし、専門的な知識を有しない患者が治療行為を受ける前に、治癒あるいは改善の見込み、要する時間、および診療プロセスにどの程度参加するのかなどを事前に明確化することは不可能である。現実には、患者は診療プロセスに自ら参加し、医療者と協働しながらサービスを生成し消費する過程において患者自身のニーズや達成を期待する目標が顕在化・明確化できるようになる。また、Ojasalo（2001）は、プロフェッショナルサービスにおいて、期待を、あいまいな期待、明示的な期待および暗示的な期待という3つの異なるタイプに区分している。あいまいな期待とは、利用者が自分で解決しなければならない問題を抱えていて、それに対する期待があるが、自分自身で明確に把握できないでいる。しかし、提供者がその期待に対して的確に対処できない場合には、失望するという性質のものである。

　一方、医師ががん患者に対して病状の説明をする際に、「治癒は望めず、3か月の余命しか期待できない」というようにネガティブな事実だけを伝え、期待を持たせない場合、その後の治療プロセスで医療者がせっかく良い治療を行っても、あまり高い主観的評価が得られない可能性がある。その理由として、Anderson（1973）によると、購買前の期待の水準に応じて顧客の購買後の客観的評価は、心理的な認知作用により主観的評価としてねじ曲げられるという仮説を提示している。図10から期待の方が評価よりやや高い場

合（BC の区間）では、実際は期待ほどではない客観評価であっても同化作用により購買行動に納得してサービス水準を高く評価する。一方、評価に比べて期待がそれほど高くない場合（BA の区間）では、低い期待への同化作用が生じるため、よい商品やサービスを提供してもあまり高い主観的評価が得られないと説明している。このことからも、患者への説明の際には、ネガティブな事実だけを伝えるだけでなく患者が期待の持てる情報を伝えることも患者満足には必要である。

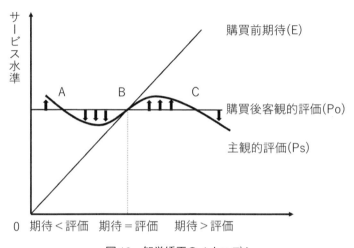

図 10　知覚矯正のメカニズム
出典：嶋口（1994）p77 図 8

　本研究では、チーム医療を実践することで、患者の病気になる前の状態に戻りたいという事前期待が、関係性便益を起点に感情的便益と価値観的便益の提供を通じて事前期待の適切化が図られ「普段の生活ができること」や「今の生活を楽しめれば良い」という望ましい方向と水準に価値観が変容し、患者の新たな人生の物語の創出につながった。医師は患者へ説明する際に、ネガティブな情報を伝えるだけでなく、現実的に達成可能な短期の目標を設定して少し高めの事前期待を持たせるようにしている。期待を少し下回る便益しか得られなくても、同化作用で上の期待に評価を寄せてくれる可能性が高

まるからである。さらに、Hui（1991）は医療者と協働して自らが状況をコントロールしていると知覚すること、すなわち自らが知覚コントロールすることで満足を形成すると指摘している。さらに、達成可能な小さな問いにブレイクダウンして、それを達成することで好奇心が生まれやすくなり、課題の達成が内的報酬となり治療への参加意欲を促進する。例えば、家族で旅行に行く計画や孫の入学式に出席することを目標にすることを自分で決めて達成することで、治療を継続する内的動機につながる。このように、医療の基本的便益である病気の治癒が得られなくても、医療者との相互作用の中で事前期待が現実的に達成可能な変化の方向と水準に期待を変容して、さらに達成可能な短期の目標を設定して達成することで、知覚品質が高まり患者参加や患者満足が促進されると考えられる（図11）。

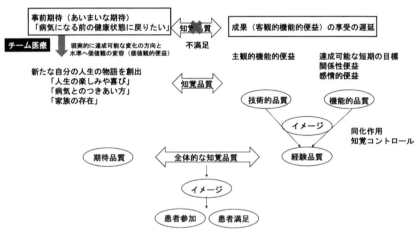

図11　高齢者のがん医療における知覚品質
出典：Grönroos (2007) p66 を改変

心理学的な解釈

　高齢がん患者がチーム医療を通じて価値観的便益を形成することで、不明確な事前期待が現実なものに変容するメカニズムを、Eriksonの老年期の発達課題とFrankl心理学の考え方から考察する。前者では、老年期の発達課題である自我の統合と英知の統合であり、後者は、病気が治らないことを理

解して、【人生の楽しみや喜び】や「普段の生活ができる満足感」という態度価値を取ることである。

　Erikson（1986）によると、老年期の発達課題は、自我の統合すなわち永続的な包括の感覚と、それに対して絶望すなわち恐怖と望みがないという感覚との間の緊張のバランスを取ろうとすることである。自我の統合とは、今までの心理社会的課題を上手くまとめ、自分のこれまでの人生を肯定的・積極的に受け入れることとしている。自我の統合の対極は絶望である。老年者は、まだこれから生きなければならないというよりは、もうほとんど完結しているライフサイクルに直面し、残された未来を生き抜くための英知の感覚を統合し、現在生きている世代の中で上手く釣り合う位置に自分を置き、自分の場所を受けいれることである。

　成人期のがんの罹患は、家庭や社会における自己の役割が大きいために、がんの罹患は壮絶なものになる。一方、高齢者ががんに罹患して、病気になる前の状態に戻りたいという事前期待が【病気とのつきあい方】や【人生の楽しみや喜び】という価値観へ変容することは、高齢者だからこそできる受け止め方である。その背後には死に対する覚悟ができているからだと考える。すなわち、老年期の発達課題である自我の統合と英知の統合である。本研究でも「死への覚悟」という概念があった。年齢を重ねるごとに老いを自覚し、これまで十分生きてきたことに納得し、周りの人との死別の機会が増えることで自分の死を意識するようになる高齢者像を表している。

　Frankl（1946）によると、ロゴセラピーとは「人間は誰しも生きる目的や意味を求めており、人生の意味を見出すことで主体的に生きていくことができる」という考えに基づいており、人生における意味や意義といった概念を重視するのが特徴である。人生において実現すべき意味は、創造価値、体験価値、態度価値の3つ領域に区分される。高齢者は、がん医療においてこれらの3つの価値を用いて価値観の転換を行っている。

　創造価値は、何かを行うことによって、つまり活動し創造することによって実現される価値である。自分には、なさねばならない「何か」がある。自分には、なされるのを待っている「何か」があると捉える。【治療に対する

前向きな行動】というサブカテゴリーで、がん治療を継続する体力を維持するために、食事に注意したり、運動をしたりすることや、治療の合間に趣味などに打ち込んで気分転換することは創造価値に相当する。体験価値は、何かを体験することによって、つまり自然の体験や芸術の体験、誰かを愛する体験によって実現される価値のことである。真善美の体験や人との出会いによって、世界から何かを受け取ることによって実現される価値であるとも言える。価値観的便益の【家族の存在】というサブカテゴリーで、妻や娘より先に死ぬのは忍びない。「家族のためにも少しでも長く生きられるように治療を続けたい」といった発言は、家族の存在によって受け取ることのできる体験価値に相当する。態度価値は、自分自身ではどうしようもない状況、変えることのできない運命に直面した時、その窮状に対してある態度を取ることによって実現される価値である。価値観的便益の【人生の楽しみや喜び】【病気のつきあい方】というサブカテゴリーの中で、「病気が完治しないことの理解」という、自分ではどうしようもできない運命と捉え、自分の今までの人生を振り返り、それを肯定受容することで「普段の生活ができる満足感」へ態度を変容することは態度価値に相当する。高齢がん患者は、事前期待が不明確であっても、客観的機能的便益が享受できなくても、態度価値を取ることで現実的な価値観へ変容すると考えられる。

5-4. 地域で支える高齢者のがん医療

高齢がん患者は、身体的・心理的・社会的課題を抱えているため、病院で医療を提供するだけでは治療を継続することは困難である。そのため、病院では患者の価値観を尊重したチーム医療を行うとともに、地域では社会資源を活用して高齢者を支える地域包括ケアシステム[10]をがん診療にも活用した「価値共創型がん地域包括ケアモデル」を提案した。「価値共創型がん地域包括ケアモデル」を用いたがん診療を行うことは、他の医療機関との差別化に

---

10 地域包括ケア研究会報告書　厚生労働省

なるとともに、公立病院の役割でもある。

高齢者のがん医療における「価値共創型がん地域包括ケアモデル」

　認知症患者を主な対象として、患者の価値観を尊重して住み慣れた自宅で生活をしながら、病院だけでなく、訪問医、訪問看護、訪問介護など多様な社会資源を活用して治療を続けるために地域包括ケアシステムが構築されつつある。高齢がん患者に対しても、できるだけ長くがん治療を続けるために、このシステムを活用した「価値共創型がん地域包括ケアモデル」（図12）を提案する。その理由を2点挙げる。

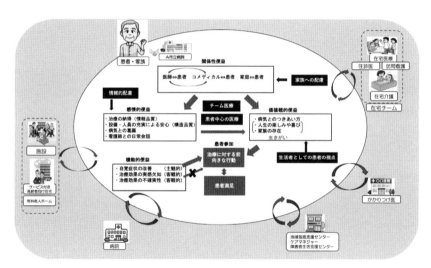

図12　価値共創型がん地域包括ケアモデル
著者作成

　第一に、本研究において、価値観的便益の中に、「生活者としての患者の視点」と「人生の楽しみや喜び」といったサブカテゴリーがあり、独居であっても生活の場である自宅で生活することに価値を感じていることが明らかになった。また、一般国民を対象とした調査[11]においても、医療や療養を受

11　平成29年度：人生の最終段階における医療に関する意識調査

けたり、最期を迎えたりする場所として自宅を希望することが多いと報告されている。人生の最終段階における医療に関する意識調査において1年以内に亡くなる可能性のある末期がんと診断された時に、医療や療養を受けたい場所として47.4%は自宅を希望した。また、自宅での医療や療養を希望すると回答した者のうち、62.9%が最期を迎えたい場所として自宅を希望した。しかし、実際は、病院で亡くなる方が65%で、自宅で亡くなる方は17%に過ぎず、国民の希望と現実にギャップを認める。

　第二に、がん治療をできるだけ長く行うためには、病院だけでなく在宅での早期からのサポートが重要である。高齢がん患者は身体的、精神的、社会的課題を抱えており、ストレスに対して脆弱性が高く、手術、放射線治療、抗がん剤治療などのがんに対する侵襲的な治療によって、通常の高齢者と比較して容易にフレイルに陥りやすく、ADLの低下やQOLの悪化により要介護状態に陥る可能性が高い。そのため、早期から医学的介入や介護ケアの介入を行うことが重要である。

「価値共創型がん地域包括ケアモデル」を進めることの重要性

　当院は、がん診療の質を担保しつつも地域に密着した診療を行うべきである。地域に密着したがん診療は、他の医療機関との差別化につながるとともに公立病院としての役割でもある。

　A市内の主要ながん診療病院を診療密度[12]と地域密着度の二軸でポジショニングマップを作成したところ図13のようになる。都道府県がん拠点病院や地域がん診療連携病院は、地域密着度よりも診療密度を高めようとする傾向にある。このポジショニングマップのなかで、診療密度と地域密着度のいずれも高いポジションに位置する病院は存在しない。自施設がこの場所にポジショニングすることで、他の医療機関との差別化につながる。

　今後増加する高齢者のがん診療は多面的であるため、病院だけでなく地域

12　診療密度：入院患者に提供する診療行為を出来高点数に換算することで、1日にどれだけの密度の診療活動を行っているのかを測るもの

を巻き込んだ地域密着度の高い診療やケアが必要になる。高齢者を地域で支えるためには、地域包括ケアシステムの活用が有効である。地域包括ケアシステムの責任主体は市町村であり、公立病院の責任主体と同じである。地域包括ケアシステムを活用したがん診療を行うことは、患者のニーズにマッチしているだけでなく公立病院としての役割であるとも言える。

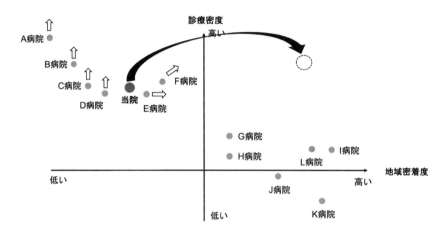

図13　A市内のがん診療病院のポジショニングマップ
著者作成

「価値共創型がん地域包括ケアモデル」を進めるうえでの課題

　抗がん剤治療を行っている高齢がん患者が訪問看護を利用することで、病状悪化の早期発見や対処が可能となるため、治療と生活の両立が行いやすくなる。今後、家族の介護が望めない独居の高齢者が増加することから、訪問看護はますます重要になる。しかし、病院の看護師と訪問看護師との連携は十分とは言えず、抗がん剤治療を受けている高齢がん患者の訪問看護の導入はなされにくい現状がある。

　実際、本研究の訪問看護師に対するインタビューにおいても、がんの積極的治療中に訪問看護を依頼されることはほとんどなく、治療が効かなくなって緩和ケアに移行した段階で訪問看護を依頼されることが多い。病状が悪く

なってから依頼されても、患者と訪問看護師の関係性を構築するまでに時間がかかり十分な看護が提供できないことがあるため、治療の早期からの訪問看護の必要性を指摘している。また、病院と訪問看護ステーションとの連携手段が電話やFAXで行われており、リアルタイムに情報共有ができないことも連携が進みにくい原因の1つと考えられる。訪問看護や訪問診療を行っている医療者や介護者は医療用アプリを用いて情報共有を行っている。自施設では、「価値共創型がん地域包括ケアモデル」を推進するために訪問看護師との連携を進めるとともに、リアルタイムに情報共有できるツール[13]を活用する予定である。

　また、間城（2021）らはがん治療中の患者を支援するための地域包括ケアシステムにおける医療連携について医療従事者と介護従事者にインタビュー調査を行った。その中で、副作用マネジメントのためのがん治療医と医療従事者の連携、拠点病院と地域の医療・介護施設間の診療情報の共有、地域で行う心理的サポートの場づくりの重要性を指摘している。副作用管理のための連携については、医師だけでなく、訪問看護師や地域の薬剤師などとの連携が必要である。特に、訪問看護師は、生活と医療の両面を統合した支援が提供できるため、訪問看護師を含めた連携の有用性を指摘している。情報共有については、がん治療中は、診療情報が日々更新されるためタイムリーに情報共有ができないことも指摘している。

　本研究において、普段どおりの日常生活を送りたいという患者ニーズと医療者の生活者としての患者の視点から、高齢がん患者に対する地域の医療機関との連携体制の必要性を指摘した。間城らによる多数の医療従事者や介護従事者を対象とした調査でも同様の課題を指摘したことから、本研究で指摘した問題は、研究施設固有の問題ではなく広く一般化できる可能性があると考えられる。

13　京あんしんネット

6. 結論

　本稿の目的は、治癒の見込めない高齢者のがん医療において、高齢がん患者の治療への参加意欲を高める要因と満足度を高めるために医療者に必要なことを明らかにすることである。そのために、抗がん剤治療を行っている高齢がん患者とがん診療に関わる医療者に対して患者が治療への参加意欲を高める要因を調査した。本章では、本研究の分析結果をまとめるとともに、リサーチクエスチョンに回答する。

　高齢者のがん医療において、治療への参加意欲を高める要因を図12の「価値共創型がん地域包括ケアモデル」に要約した。病院内では、患者と医療者および家族との関係性便益が起点となり、チーム医療を実践することで、関係性便益と感情的便益から価値観的便益が形成される。そして、価値観的便益の形成を通じて「病気になる前の自分に戻りたい」という事前期待から「これからどう生きていこうか」という新たな自分の物語を創出して、治療継続行動（患者参加）につながることが明らかになった。客観的機能的便益の享受は遅延ないし得られないが、主観的機能的便益はその都度享受され治療への参加意欲につながった。医療者は、「患者中心の医療」と「チーム医療」を基盤に、「家族への配慮」、「情緒的配慮」、「生活者としての患者の視点」を重視していた。それぞれが関係性便益、感情的便益、価値観的便益に関連していた。患者が生活している地域では、がん治療を行っている病院と訪問医、訪問看護師、ケアマネジャー、訪問介護士および自治体とも連携して、がん患者の価値観を尊重しながら診療や支援を行うことである。

　本研究では機能的便益を客観的機能的便益と主観的機能的便益に区分した。病気の治癒という客観的機能的便益が得られなくても、主観的機能的便益は医師による適切な治療によりその都度享受され遅延することはない。主観的機能的便益を享受することで治療への参加意欲が高まる。本研究で対象としている患者では、主観的機能的便益を遅滞なく提供することが重要である。

　患者は医師との信頼関係を最も重視することは本研究でも確認された。一方で、医師は時間的制約があるため、看護師や医療ソーシャルワーカーなど

多職種が関わるチーム医療が重要になる。チーム医療を行う中で、医療者はサービス・デリバリー・プロセスで患者との協働によって患者の事前期待を望ましい方向と水準に変容させ価値観的便益を形成することが重要である。

　高齢者の患者満足において事前期待が大きな役割を果たす。しかし、医療は専門性が高く情報の非対称性があるため、患者は病気になる前の状態に戻りたいという事前期待を具体化あるいは明確化できない。そのため、医療者がチーム医療で感情的便益と価値観的便益を提供することで、その適切化が図られ現実的な期待に変容する。また、医療者と協働して自らが状況をコントロールしていると知覚することで満足を形成することになる。

　高齢がん患者は、さまざまな課題を抱えているため病院で医療を提供するだけでは不十分である。地域住民のための病院である自施設が中心になって、がん治療を行っている病院と訪問医、訪問看護師、ケアマネジャー、訪問介護士および自治体病院の強みを生かして自治体とも連携して、がん患者の価値観を尊重しながら診療や支援を行う「価値共創型がん地域包括ケアモデル」（図29）を実践することが重要である、そのことが他の医療機関との差別化にもつながる。

　以上からリサーチクエスチョンの答えは、RQ1. 便益遅延型サービスにおいて、高齢がん患者の治療へのポジティブな参加意欲を引き出す要因は何かに対しては、関係性便益と生活者としての患者の視点で捉え、チームで働きかけて患者の認識や価値観をポジティブに変化させる価値観的便益である。RQ2. 機能的便益の享受が遅延あるいは望めない高齢者のがん医療プロセスにおいて、どのような便益がどのようなタイミングで形成されるかに対しては、医療者が主観的機能的便益を適切に提供することで、治療への参加意欲を促進する。関係性便益を起点にチーム医療を実践することで、感情的便益と価値観的便益をそれぞれ促進し、患者参加や患者満足につながる。RQ3. 医療者は患者参加にどのようなタイミングでどのように関与しているかに対しては、医療者は、患者中心の医療とチーム医療を基盤に、情緒的配慮、生活者としての患者の視点を重視しており、それぞれ、感情的便益、価値観的

便益に関係していた。

　本研究の限界と課題については、本研究は、高齢者のがん医療という特殊な環境で提供されるサービスを調査した。そのため、倫理上の問題や、プライバシーへの配慮等多くの課題があった。しかし、患者さんの協力を得て研究ができたが、単一施設に限定され、医師が調査したことから、結果の解釈は慎重にする必要がある。また、消化器がんに限定した10人の患者さんを対象とした質的研究のため、分析結果には、疾患に特有の要素が少なからず反映している可能性も考えられる。そのため、この分析で得られた結果をもとに、量的研究などの他の方法を含めた研究を行うことで、本稿の分析の妥当性を確認する必要がある。

7. 実践的インプリケーション

　本研究の実践的インプリケーションとしては、高齢者のがん医療においてチーム医療が極めて重要であることと、本研究の結果が高齢者のがん以外の慢性疾患のマネジメントにも適応できる可能性があることである。

　本研究では、高齢がん患者の治療への参加意欲を高めるには、医療者が主観的機能的便益を遅滞なく提供するとともに、多職種が連携しながら患者の価値観に沿った医療や生活ができるように支援することにより価値観的便益を形成することが必要である。また、チーム医療を行うことで、過程品質が高まり患者満足にもつながることも明らかにした。

　今後、高齢化の進行によりがん以外の慢性心不全や呼吸不全が増加する。これらの疾患は直ちに死に至るわけではないが、治癒することはなく徐々に進行するため、客観的機能的便益は遅延ないし得られない。そのため、主観的機能的便益を遅滞なく提供することが重要である。また、徐々に進行することから、病気に罹患する前の状態に戻りたいという事前期待をその人の価値観に沿った現実的な目標に変容するために価値観的便益の形成が必要である。医療者は関係性便益を形成して患者が価値観の変容ができるように支援

する必要がある。一方、高齢者の慢性疾患は比較的経過が長いため病院での医療よりも地域での看護やケアが重要になる。そのため、地域包括ケアシステムの活用が、がん医療以上に重要になる。以上から、本研究の結果は、がん医療だけでなく慢性心不全や呼吸不全のような進行性の高齢者の慢性疾患にも適応できると考えられる。

参考文献

Akishita M., Ishii S., Kojima T., Kozaki K., Kuzuya M., et al. (2013) "Priorities of health care outcome for elderly," *Journal of the American Medical Directors Association*, 14(7), pp. 479-484.
Anderson R.E. (1973) "Consumer Dissatisfaction: The Effect of Disconfirmed Expectancy on Perceived product Performance," *Journal of Marketing Research*, 10(1), pp. 38-44.
Anderson R.E., Mittal V. (2000) "Strengthening the Satisfaction-Profit Chain," *Journal of Service Research*, 3(2), pp. 107-120.
Donabedian A. (1980) "Explorations in Quality Assessment and Monitoring, Volume1 The Definition of Quality and Approaches to its Assessment" Health Administration Press.（東尚弘訳『医療の質の定義と評価方法』iHope International, 2007 年）
Emanuel E.J. & Emanuel L.L.(1992) "Four Models of the Physician-Patients Relationship," *Journal of the American Medical Association*, 267(16), pp. 2221-2226.
Erikson E.H., Erikson J.M. & Kivnick H.Q. (1986) "Vital Involvement in old age," Norton & Company, N.Y.（朝長正徳・朝長梨枝子訳『老年期』みすず書房, 1990 年）
Frankl V.E. (1946) "Man's Search For Meaning: An Introduction to Logotherapy"（池田香代子訳『夜と霧　新版』, みすず書房 2002 年）
Fried T.R., Bradley E.H., Towle V.R., Phi M. & Allore H. (2002) "Understanding the Treatment Preference of Seriously Ill Patients," *The New England Journal of Medicine*, 346(14), pp. 1061-1066.
Greenfield S, Kaplan S. & Ware J.E. (1985) "Expanding Patients Involvement in Care: Effects on Patient Outcomes," *Annals of Internal Medicine*, 102(4), pp. 520-528.

Grönroos C. (2007) "Service Management and Marketing: Customer Management in Service Competition, 3rd Edition," Wiley.（近藤宏一監訳・蒲生智哉訳『北欧型サービス志向のマネジメント－競争を生き抜くマーケティングの新潮流－』ミネルヴァ書房，2013年）

Hausman A. (2004) "Modeling the Patient-Physician Service Encounter: Improving Patient Outcomes," *Journal of the Academy of Marketing Science*, 32(4), pp. 403-417.

Heskett J.L., Jones T.O., Loveman G.W., Sasser W.E. & Schlesinger L.A. (1994) "Putting the Service-Profit Chain to Work," *Harvard Business Review*, 72(2), pp. 164-174.

Hui M.K. & Bateson J.E.G.(1991) "Perceived Control and the Effects of Crowding and Consumer Choice on the Service Experience," *Journal of Consumer Research*, 18(2), pp. 174-184.

Kotler P. & Keller K.L. (2006) "Marketing Management, Twelfth Edition", Prentice Hall.（恩蔵直人監修・月谷真紀訳『コトラー＆ケラーのマーケティング・マネジメント第12版』，丸善出版　2008年）

Lovelock C.H. & Wirtz J. (2006) "Services Marketing: People, Technology, Strategy," Pearson College Div.（白井義男監訳『ラブロック＆ウィルツのサービスマーケティング』ピアソン・エデュケーション，2008年）

Marshall G.N., Hays R.D., Sherbourne C.D. & Wells K.B. (1993) "The Structure of patient satisfaction with outpatient medical care," *Psychological Assessment*, 5(4), pp. 477-483.

Ojasalo J. (2001) "Managing customer expectations in professional services" *Managing Service Quality*, 11(3), pp. 200-212.

Oliver R.L. (1980) "A Cognitive Model of the Antecedents and Consequences of Satisfaction Decisions," *Journal of Marketing Research*, 17(4), pp. 460-469.

Parasuraman A., Zeitamal V.A. & Berry L.(1985) "A Conceptual Model of Service Quality and Its Implications for Future Research," *Journal of Marketing*, 49(4), pp. 41-50.

Parasuraman A., Zeitamal V.A. & Berry L. (1988) "SERVQUAL: A Multiple-item Scale for Measuring Consumer Perceptions of Service Quality," *Journal of Retailing*, 64(1), pp. 12-40.

Priporas C.V., Laspa C., Kamenidou I. (2008) "Patient Satisfaction Measurement for In-hospital Service: A Pilot Study in Greece," *Journal of Medical Marketing*, 8(4), pp. 325-340.

Puts M.T.E., Tapscott B., Fitch M., Howell D., Monette J., et al. (2015) "A systemic review of factors influencing older adults' decision to accept or decline cancer

treatment," *Cancer Treatment Reviews*, 41(2), pp. 197-215.
Stiles W.B., Putman S.M., Wolf M.H. & James S.A. (1979) "Interaction Exchange Structure and Patient Satisfaction with Medical Interviews," *Medical Care*, 17(6), pp. 667-681.
Tsuboi R, Sugishita M., Hirakawa Y. & Ando Y. (2020) "Experiences and hidden needs of older patients, their families and their physicians in palliative chemotherapy decision-making: a qualitative study," *Japanese Journal of Clinical Oncology*, 50(7), pp. 779-786.
Zeithaml V.A. (1981) "How Consumer Evaluation Processes Differ Between Goods and Services," *Marketing of Services, Proceeding series, American Marketing Association*, pp. 186-190.
Zeithaml V.A. (1988) "Consumer Perceptions of Price, Quality, and Value: A Means-End Model and Synthesis of Evidence," *Journal of Marketing*, 52(3), pp. 2-22.

今井芳枝・雄西智恵美・板東孝枝（2016）「転移のある高齢がん患者の治療に対する納得の要素」『日本がん看護学会誌』第30巻 第3号, 19-28頁。
今枝昌宏（2006）「製造業のサービス化とサービスマネジメントへの2つのアプローチ」『一橋ビジネスレビュー』第54巻 第2号, 36-50頁。
狩野紀昭・瀬楽信彦・高橋文夫・辻新一（1984）「魅力的品質と当たり前品質」『品質』第14巻 第2号, 39-48頁。
木下康仁（2003）『グラウンデット・セオリー・アプローチの実践―質的研究への誘い』, 弘文堂。
木下康仁（2007）『ライブ講義M-GTA 実践的質的研究法 修正版グラウンデット・セオリー・アプローチのすべて』, 弘文堂。
木下康仁（2020）『定本M-GTA：実践の理論化を目指す質的研究方法論』, 医学書院。
小林哲（2018）「サービスにおける便益遅延性に関する概念的考察―顧客資源介在型サービス・モデルへの拡張可能性―」『流通研究』第21巻 第1号, 1-12頁。
嶋口充輝（1994）『顧客満足型マーケティングの構図：新しい企業成長の論理を求めて』, 有斐閣。
島津望（2005）『医療の質と患者満足―サービス・マーケティング・アプローチ―』, 千房書房。
篠岡初音・山陰風里・坊寺真梨子・近藤早紀・福島寛絵他（2019）「外来化学療法を受ける高齢患者が折り合いをつけていくプロセス」『高知女子大学看護学会誌』第45巻 第1号, 163-173頁。
高室裕史（2018）「医療サービスにおける便益形成と患者参加に関する質的データ分析―便益遅延性の視点から―」『流通研究』第21巻 第1号, 29-50頁。

藤村和宏（2009）『医療サービスと顧客満足』，医療文化社．
藤村和宏（2015a）「便益遅延型サービスの顧客満足形成モデルに関する考察―医療サービスをケースとして顧客満足形成モデルの発展の可能性について探る―」『香川大学経済論叢』第88巻 第3号，243-265頁．
藤村和宏・森藤ちひろ（2015b）「便益遅延型サービスにおける便益・顧客参加・顧客満足の関係に関する考察―医療サービスをケースとして―」『香川大学経済論叢』第87巻 第3・4号，355-401頁．
藤村和宏（2020）『「便益遅延性」が顧客満足・顧客参加に及ぼす影響：医療サービスにおける消費とマーケティングのあり方を考える』，千倉書房．
細田満和子（2021）『「チーム医療」とは何か：患者・利用者本位のアプローチに向けて　第2版』，日本看護協会出版会．
間城恵里菜・荒尾晴恵・青木美和・市原香織・松本禎久（2021）「がん治療中の患者を支援するための地域包括ケアにおける望ましい医療連携」『大阪大学看護学雑誌』第27巻 第1号，1-8頁．
南知恵子・小川孔輔（2010）「日本版顧客満足度指数（JCSI）のモデル開発とその理論的な基礎」『マーケティングジャーナル』第30巻 第1号，4-19頁．
南知恵子（2014）『サービス・イノベーション　価値共創と新技術導入』，有斐閣．
森藤ちひろ（2018）「便益遅延型サービスにおける顧客参加と顧客満足の関係の変化」『流通研究』第21巻 第1号，13－28頁．
森藤ちひろ（2021）『ヘルスケア・サービスのマーケティング　消費者の自己効力感マネジメント』，千倉書房．
鷲尾和美（2002）『チーム医療論』，医歯薬出版．
山本昭二（1999）『サービス・クオリティ：サービス品質の評価過程』，千倉書房．

令和5年版高齢社会白書　2023年7月2日アクセス
　https://www8.cao.go.jp/kourei/whitepaper/w-2023/zenbun/05pdf_index.html
高齢者がん診療ガイドライン2022年版　2023年7月2日アクセス
　http://www.chotsg.com/saekigroup/goggles_cpg_2022.pdf
介護保険制度の概要　厚生労働省　2023年7月2日アクセス
　https://www.mhlw.go.jp/stf/seisakunitsuite/bunya/hukushi_kaigo/kaigo_koureisha/gaiyo/index.html
がん対策推進基本計画（第4期）〈令和5年3月28日　閣議決定〉　2023年7月2日アクセス
　https://ganjoho.jp/med_pro/liaison_council/p_care/shiryo12/pdf/shiryo01.pdf
がんの統計2023　2023年7月2日アクセス
　https://ganjoho.jp/public/qa_links/report/statistics/pdf/cancer_statistics_2023_fig_J.pdf

患者体験調査報告書　平成 30 年度調査　国立がん研究センターがん対策研究所
2023 年 7 月 2 日アクセス
　　https://www.ncc.go.jp/jp/cis/divisions/health_s/H30_all.pdf
人口動態統計　2019 年度　厚生労働省　2023 年 7 月 2 日アクセス
　　https://www.mhlw.go.jp/toukei/youran/indexyk_1_2.html
平成 29 年度　人生の最終段階における医療に関する意識調査　厚生労働省　2023
年 7 月 2 日アクセス
　　https://www.mhlw.go.jp/file/05-Shingikai-10801000-Iseikyoku-Soumuka/
　　0000200749.pdf
地域包括ケア研究会報告書　厚生労働省　2023 年 7 月 2 日アクセス
　　https://www.mhlw.go.jp/houdou/2009/05/dl/h0522-1.pdf
日本老年医学会，フレイルに関するステートメント 2014．　2023 年 7 月 2 日アクセス
　　https://jpn-geriat-soc.or.jp/info/topics/pdf/20140513_01_01.pdf

謝　辞

　本研究および論文の執筆にあたり、研究テーマならびにリサーチクエスチョンの設定、研究の方向性、論文のまとめ方などについて、継続的にご指導およびご助言を賜りました神戸大学大学院経営学研究科　原田勉教授に深謝いたします。また、副指導教官である神戸大学大学院経営学研究科　吉田満梨准教授には、分析手法や研究の方向性についてご助言頂き、厚く御礼申し上げます。

　本研究において欠かすことのできない貴重な調査として、インタビューにご協力頂き貴重な情報を頂きました患者の皆様および A 市立病院の医療従事者の方々に感謝申し上げます。そして、ともに励まし合い、多くの気づきを与えて頂いたゼミ生を始めとする同級生の皆様に感謝申し上げます。

第3章

〈銅賞〉

農業協同組合における
データ包絡分析法による効率性分析と
経営実態に関する研究

竹村　誠

1. 研究の目的と問題意識、背景

1-1. 研究の目的等

　本稿の目的は、全国に存在する537の農業協同組合（以下、農協）のうち、経営の効率性が高い農協を抽出し、その農協の経営実態についての分析結果を全国の農協経営に生かすことである。先行研究では、国内の農協全体や都道府県単位、特徴的な農協の分析は行われているが、全国の農協の経営の効率性を網羅的に分析したうえで、その経営実態を調査した研究は行われていない。また、筆者の問題意識として、世界的に食糧安全保障が危ぶまれるなか、我が国の農業は様々な問題を抱える環境下において、その担い手である農業者と関わる組織としての農協の重要性が高まっており、本研究を通じて、農協の経営効率を高めることが、農業における問題解決につながると考えている。本稿では、データ包絡分析法（Data Envelopment Analysis：DEA）を用いて、農協の経営について、収入（売上高）の効率性と利益の効率性の2種類の効率性から分析した。その結論として、収入の効率性の高い農協は、経済事業を中心に組合員が積極的に利用する事業運営を行っており、農業政策の活用や特産品への集中投資、6次産業化など組合員と農協とのWin-Winの関係性を構築している。利益の効率性の高い農協は、金融資産や不動産を保有する組合員を対象に信用事業、共済事業が中心の金融機関としての事業運営を行っていることが分かった。また、将来的な農協の在り方については、農業を中心とした本来の農協経営と金融機関としての農協の2つの方向性へ深化していくと考えられる。今後の農協研究については、継続的に個別の農協の基礎データや財務データを蓄積することで、時系列でのデータ包絡分析法（DEA）を用いた多面的な分析・研究に期待する。

1-2. 本稿の構成

本稿は、次のように展開される。第 2 節では農協の概要と現状を示す。第 3 節ではデータ包絡分析法（DEA）について説明する。第 4 節では効率値の計測に用いたデータを説明し、第 5 節では、効率値の計測結果と財務分析、インタビュー調査結果、考察を示す。第 6 節では結論として、総括、貢献と展望を述べる。

2. 農協の概要と現状

2-1. 農協とは

　農協とは、農業従事者の出資により設立された組織であり、1947 年 12 月に施行された農協法にその設立根拠を持つ。農協には、各種事業を取り扱う総合農協と酪農や果樹、園芸など特定の生産物の販売・購買のみを行う専門農協が存在する。日本では総合農協が多数を占めており、各種事業の分析を行うことから、本稿では、総合農協を対象とする。農協は 1992 年 4 月 1 日より、組合員だけでなく、地域住民により親しまれるよう「JA（Japan Agricultural Cooperatives）」という愛称を使用している。ロゴマークは、それまでの稲穂のデザインから、緑のアルファベットの J と A を組み合わせたデザインで、どっしりとした大地と人と人とのきずなをイメージしたものに変更された。なお、ヨーロッパを中心に、海外にも農協のような農業を

～平成 3 年　　　　　　平成 4 年～

図 1　ロゴマークの変遷
JA 全中ホームページから抜粋

主体とする協同組合は存在するが、専門農協が主流である。特にヨーロッパの農業国であるフランスやオランダ、ドイツでは農協が存在し、世界的に有名な農業系統の組織として、金融機関であるフランスのクレディ・アグリコルや、オランダのラボバンクが挙げられる。

2-2. 農協の事業構造

　農協の事業構造については、指導事業、経済事業、共済事業、信用事業の4つの事業を中心に運営している。第一に指導事業は、組合員に対し、農業運営に関する指導（営農指導）や日常生活に関する指導（生活指導）を行う。第二に経済事業は、営農関係と生活関係の2つに分かれる。営農関係では、農機具・種苗・肥料等の共同仕入れを行い組合員へ販売する購買事業、組合員から農作物を集荷し市場等で販売する販売事業、調理や冷凍等の加工・販売を行う加工事業、カントリーエレベーター等共同施設を賃貸する利用事業

図2　農協グループの組織・事業構成
JA全中ホームページから抜粋

などから構成される。第三に共済事業は、生命保険、医療保険、自動車・建物等の損害保険を取り扱う。第四に信用事業は、貯金の預入や農業融資や住宅ローンなどの貸出、投資信託の販売等の金融機関業務である。そのほかにも、関係団体を通じて、新聞販売（日本農業新聞）、雑誌販売（家の光協会（出版社））、旅行代理店（農協観光）を行っており、さらにグループ内で病院・診療所の設置・運営を行う厚生事業が存在する。

2-3. 農協の組織構造

農協グループの組織構造については、市町村段階、都道府県段階、全国段階の3段階の組織構造となっている。市町村段階で農協が存在し、都道府県段階では各事業の専門的な役割を担う組織として連合会が設置されている。連合会は、事業単位で設立しているが、全国組織に統合されている組織も存在する。さらに、それぞれの事業に関する専門性の高い全国段階の団体として、JA全中、JA全農、JA共済連、農林中金等が存在する。

表1 農協の事業概要等

事業	事業内容・収益構造等	組織構造	
		都道府県	全国
営農・生活指導	営農指導員による農業指導。 手数料収入、助成金から指導経費（除く、人件費）を控除。	中央会	全中
経済	農業関係と生活関係に分類される。 農業関係には、購買（農機具、種苗、肥料、農薬の共同購入）、販売（農産物の集荷・販売）、加工（農産物の加工販売）、利用（倉庫・集荷施設等の賃貸）。 生活関係には、購買（石油、ガス、食料品等の販売）、利用（葬祭業、介護施設の運営）、宅地等供給（農地等の売買・媒介）。事業が多岐にわたり、その運営方法や経理処理はまちまち（仕入・販売、手数料収入ほか）。	経済連	全農
共済	保険代理店業務であり、生命系、医療系、損保系（自動車、建物）の共済を取り扱い、新規獲得分、既存契約分に対する手数料収入を得る。事業に関する費用はほとんどなく、コストの大半は人件費。	共済連	
信用	金融機関業務であり、組合員・利用者から貯金を調達し、農業関連融資や各種ローンで運用となるが、貸出金の需要が小さく（貯貸率20％）、貯金の大半は農林中金・	信連	農林中央金庫

	信連等への預金（貯預率75%）で、その余りを国債中心の有価証券運用（貯証率5%）を行う。	
その他	新聞・雑誌販売代理店、旅行代理店。主に手数料収入。	日本農業新聞、家の光協会、農協観光

各農協ホームページより筆者作成

2-4. 農協の現状

（1）組合員の推移

　農協は組合員によって運営されているが、正組合員だけでなく、農協独自の仕組みとして、准組合員制度が存在する。正組合員資格は、農業を自ら営む農業従事者に限定され、農協ごとに年間の農業従事日数や耕作面積等の条件が定められており、農協の運営に関する議決権を持つ（1人1票）。一方で、農家ではない人も農協の地区内の住民等であれば出資することで准組合員資格を取得し、農協の各種事業を利用することができるが、議決権は有しない。現在は、准組合員モニター制度を活用し、准組合員の意見を農協の経営に反映するようにしている。また、組合員以外の人も農協を利用することは可能であるが、組合員以外の利用（員外利用）には、組合員の利用を妨げることのないように量的規制が存在する。

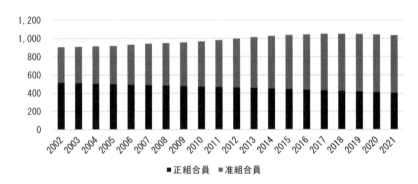

図3　正組合員・准組合員数の推移
農林水産省「総合農協統計表」各年版より筆者作成

組合員数については、正組合員は、農業従事者の高齢化等に伴い減少傾向にあり、2002年の515万人から2021年は401万人まで減少している。准組合員は、離農による正組合員の准組合員化や地域住民の農協への利用促進などから2002年の391万人から2021年の634万人まで増加している。全体としては、2002年以降増加傾向にあったが、ここ数年は減少に転じている。

(2) 農協数の推移

　市町村よりも小さい単位で存在していた農協は、1988年の第18回JA全国大会「21世紀を展望する農協の基本戦略」において、1000JA構想が打ち出されたことで、合併が急速に進むこととなった。合併については賛否両論あるが、信用事業・共済事業の高度化や専門化、社会的なコンプライアンス意識の高まりによる内部管理体制の強化、営農関連施設の整備、人材の確保など経営基盤の強化として、事業規模や人材の確保を目的とした合併が進められた。2023年4月現在では全国で537農協となっている。

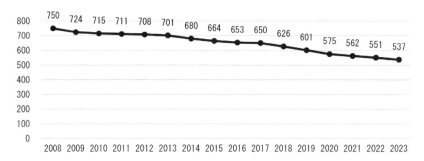

図4　農協数の推移
農林水産省「総合農協統計表」各年版より筆者作成

(3) 経営状況
①利益の推移

　各事業の収入から費用を差し引いた総利益の合計である事業総利益は2002年の212百億円から2021年の168百億円まで減少傾向にあり、それに

伴い人件費を中心に事業管理費（2002年201百億円→2021年151百億円）を削減することで事業利益を確保してきた。その結果、2002年以降の事業利益は増益基調であったが、2013年の20百億円をピークに2021年の17百億円と減少に転じており、事業管理費の削減が限界を迎えつつある。

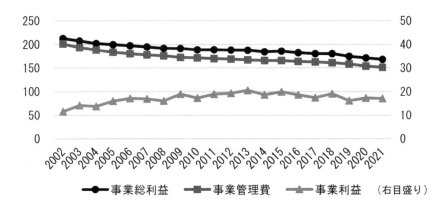

図5　利益の推移
農林水産省「総合農協統計表」各年版より筆者作成

②事業部門別利益の推移

　信用事業利益と共済事業利益の黒字で、農業関連事業等経済事業の赤字を補填している結果となっている。信用事業利益は増加傾向にあったが、足元はほぼ横ばいで推移しており、共済事業利益は減少傾向である。農業関連事業等経済事業は赤字ではあるものの、徐々に赤字幅が縮小している。

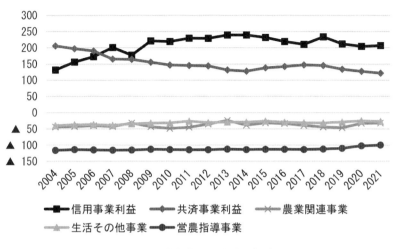

図6 事業部門別利益の推移

農林水産省「総合農協統計表」各年版より筆者作成

2-5. 背景

　研究の背景として、世界の食料需給、我が国の農業を取り巻く環境変化、農業政策という農業に関する3つの問題を解決するために、日本の農業に関わる組織である農協の在り方を見直す必要があると考えたことである。

　第一に、世界の食料需給については、需要面と供給面の両面の問題がある。需要面では、世界的な人口増加や新興国の経済成長等により食料需要の増加が見込まれる。一方で、供給面では、気候変動による農産物の生産可能地域の変化や異常気象による大規模な不作等が食料供給を不安定にしている。加えて、2022年2月のロシアによるウクライナ侵攻により、穀物や農業生産資材において、価格高騰や原料供給国からの輸出の停滞等の安定供給を脅かす事態が発生している。

　第二に、我が国の農業については、過去から担い手不足や高齢化が指摘され、様々な政策を行ってきたにもかかわらず、改善の兆しが見えない。高齢化・担い手不在による離農と農業所得の低迷等による新規就農者の減少によ

り、自営農業を仕事にしている基幹的農業従事者の減少に歯止めがかからず、その平均年齢も上昇し続けている。その結果、耕作放棄地が増加し、治水や環境システムの維持、良好な景観の形成機能、文化の伝承機能といった農地の多面的機能の喪失につながっている。一方で、農地集約に伴い、1農業経営体あたりの経営耕地面積や農業経営収支、農業所得はわずかながら増加傾向にある。また、我が国の食料需給については、食料自給率は生産額ベース（2021年度63%）、供給熱量ベース（2021年度38%）ともに低下傾向にあり、ロシアによるウクライナ侵攻などの地政学的リスクの高まりに伴い明らかになった家畜用飼料自給率は25%と低水準となっている。

　第三に、農業政策については、農業に関する法律改正と2021年5月に策定されたみどりの食料システム戦略について述べる。まず、農業に関連する法律改正については、2018年に種子法が廃止、2022年に種苗法が改正された。種子法の廃止の理由の一つは、世界と競争できる力を持つ民間企業が、種子生産に参入できるよう規制を緩和することであると言われている。種子法は、日本の主要農産物である米や大豆、麦などの野菜を除いた種子を国家主導により安定的生産および普及を促進するために制定された法律であり、「戦後の食糧難などの背景から制定され、種子法は現代においてその役割を終えている」と日本政府は説明している。しかし、こうした主要農作物の種子は、バイエル（ドイツ）やコルテバ・アグリサイエンス（旧ダウ・デュポン、米国）、シンジェンタ（スイス）などの海外企業が市場を占有しており、事実上、日本の民間企業が参入することはほぼ不可能な状態である。将来的には、日本の主要農作物の種子が海外企業に占有され、有事の際には主要農作物が生産できない可能性がある。また、種苗法の改正内容については、農家による登録品種の自家増殖に育成者の許諾が必要になること、育成者は登録品種を許諾なく輸出できる国や栽培地域を指定できることの2点である。これは、日本で開発されたブドウやイチゴ、サクランボなどの優良品種が海外に流出し、第三国に輸出・産地化される事例などから、優良品種の海外流出防止を目的としている。しかし、自家増殖を行ってきた農家にとっては、これまでの権利が規制され、新たなコスト負担や手続きが増加することとなる。ま

た、国内の種苗メーカーとして、タキイ種苗やサカタのタネ、カネコ種苗などが存在するものの、海外の大手企業による寡占状態であり、農家の自家増殖を抑制することで将来的に種子を買い占められる懸念がある。次に、みどりの食料システム戦略について、日本の農業が抱える問題に加え、環境問題やSDGsへの対応などから、2050年までに目指す姿を農林水産業のCO_2ゼロエミッション化の実現として、イノベーションを実践していく取り組みである。具体的な取り組みとして、スマート農業や有機栽培の促進、食品残渣・汚泥等からの肥料成分の回収などが行われている。このように、我が国の農業を取り巻く法的規制や政策が転換点を迎えている。

　こうした農業を取り巻く環境が大きく変化していくなかで、これまで農業を支えてきた農協の役割も変化しつつある。そもそも農協は、農業協同組合法に基づいて設立され、農協法の目的である「農業者の協同組織の発展を促進することにより、農業生産力の増進および農業者の経済的社会的地位の向上を図り、もって国民経済の発展に寄与すること」を実現するための組織である。しかし、実態として、JAバンクの貯金量は100兆円を超え、JA共済は総資産規模58.2兆円となるなど、国内の金融・保険市場において高いプレゼンスを発揮している。また、経済事業の赤字を信用事業、共済事業の黒字で補填しており、それらはマスコミを通じて農協叩きに発展している。一方で、市場原理主義への批判と共同体的価値の見直しの観点から、農協という協同組合の価値そのものが見直され始めている。具体的には、これまで以上に食の安全保障が高まり、農業・農家の多様化が進むなかで、これまでのアカウンタビリティとしての「私」やレスポンシビリティとしての「公」の二項対立ではなく、協同組合による「共」としての存在価値が見直されているということである。そうしたなかで、農協が進むべき道を再考する時期を迎え、個別の農協の経営実態の把握と優れた農協の具体的な取り組みを研究することとした。

2-6. 先行研究

　先行研究については、第一に農協に関する研究、第二に経営分析手法に関する研究について述べる。

　第一に、農協に関する先行研究については、農林水産省、大学の研究者、民間研究機関である農林中金総合研究所の3者が研究を行っている。これらの先行研究として、鈴木（2022）は、「私・公・共」による3部門の経済モデルを通じて、理論モデルとシミュレーションの提示により、農協組織の重要性を説いている。堀江（2014）は、地域銀行や信金・信組の研究を背景に、金融機関としての観点から農協を分析したうえで、その経営上の特徴を明らかにするとともに経済環境変化のなかでの問題提起を行っている。石田（2012）は、特徴的な各地域の農協を具体例として示したうえで、総合農協の在り方を提示している。ほかに、農協の信用事業の全国組織である農林中央金庫が出資するシンクタンク、農林中金総合研究所の研究も信用事業を中心に実務的な視点で各種データを通じて、個別の農協を研究している。

　こうした研究は、個別の農協の財務データの入手が困難であること、入手できたとしても立場上公表が難しいことなどから、農協全体や都道府県別、事業別での研究や全国的に特徴的な農協の研究にとどまっている。また、農協の事業については、組合員を中心に、貯金や貸出金等の信用事業、生命保険や損害保険を取り扱う共済事業、農作物の販売・農業資材の購買等を行う経済事業、営農指導など多岐にわたっており、それらを網羅的に分析した研究はほとんど存在しない。

　第二に、経営分析手法については、一般の事業法人等では収益性分析、安全性分析、生産性分析、成長性分析といった財務分析が行われている。しかし、農協においては、事業の割合によって財務指標の重要性が異なること、財務データの入手が困難なこと、合併により減少したとはいえ、500を超える農協が存在していることなどから、全国の農協の個別の財務分析は先行研究では行われていない。一方で、経営の効率性について、同じ業界内で比較できる分析手法として、利根（2022）は、データ包絡分析法（DEA）を示し、

電気事業、保健医療政策、都道府県の生産活動、金融機関などを対象とした研究を行っているが、農協に関する研究は示されていない。

2-7. 問題意識（リサーチクエスチョン）

　問題意識としては、農協における経営の効率性をどのように測定するのか、また経営効率の高い農協はどのような取り組みを行っているのかの2つである。第一に、農協における経営の効率性をどのように測定するのかについて、全国の農協を対象に、個別の農協単位での財務分析は先行研究で行われていない。しかし、同じ業界内での効率性であれば、データ包絡分析法（DEA）を活用することで比較可能であると考えた。第二に、経営効率の高い農協はどのような取り組みを行っているのか（逆に経営の効率性の低い農協はどのような農協か）については、農協単位で経営の効率性を測定した先行研究が存在しないため、経営の効率性の観点からアプローチした研究もない。したがって、経営効率の高さに影響を与える取り組みがどのようなものかを示す必要がある。一方で、経営の効率性の低い農協はどのような農協であるかを示すことで、農協におけるデータ包絡分析法（DEA）の可能性を示すことができる。

　以上の問題意識のもとで、本稿では、まず農協の事業や現状などの概要を示す。次に、経営の効率性を分析する代表的な手法であるデータ包絡分析法（DEA）を用いて、農協ごとの効率性を分析する。データ包絡分析法（DEA）における投入要素（インプット）を事業管理費、産出要素（アウトプット）を事業収入とする「収入の効率性」、インプットを事業管理費、アウトプットを事業総利益とする「利益の効率性」の2種類の分析を行う。さらに効率性の高い農協における財務分析やインタビュー調査を通じて、経営実態を明らかにするとともに、効率性の低い農協についても財務分析を行うことで、データ包絡分析法（DEA）による分析の確からしさを示す。

　分析結果として、収入の効率性の高い農協においては、正組合員を中心に、組合員への指導的立場を維持しつつ、積極的な対話によりいかに農協を利用してもらうかを重視した経営を行っている。また、政府による農業政策をう

まく取り込むとともに、大規模化やスマート化を支援するなど、特産品への集中的な投資を図っている。さらに、早くから6次産業化による付加価値の高い農業を支援している。一方で、利益の効率性の高い農協においては、正組合員より准組合員が中心となり、信用事業や共済事業に傾注した"金融機関"としての農協経営となっている。しかし、一部では、小規模ながら特産品に集中することで効率的な農協経営を行っている農協も存在している。

　結論として、収入の効率性の高い農協は、農家に対する地域性を生かした特産品の生産指導を行うとともに、加工・流通を農協が担うことで農業の付加価値を高め、信用事業、共済事業、経済事業のバランスを確保した経営を行う。一方で、利益の効率性の高い農協は、組合員中心の事業運営に取り組むものの、金融機関として、一定の貯金残高や共済契約が必要であり、かつ資金運用面においても高度化・専門化が求められる。したがって、農協経営としては、地域性を維持したうえで、適正規模での合併により管理費を削減しつつ、人財投資により効率的な経営を目指す必要がある。

3. データ包絡分析法（DEA）について

3-1. データ包絡分析法（DEA）の概要

　データ包絡分析法（以下、DEA）は、テキサス大学のA.CharnesとW.W.Cooperの両教授によって開発された評価法である。基本概念は、分析対象となる事業体（Decision Marking Unit：以下、DMU）の効率値をアウトプット／インプットで定義する。そして表2のように最も優れたパフォーマンスを示すDMUが作る効率的フロンティアを特定し、そのフロンティアからの距離で効率値を計測する。

　DEAの特徴は、直接的な観測値のみに基づき生産可能集合を求めるノン・パラメトリックな分析方法で、入出力項目ともに計測単位を問わない。項目数にも制限がないため、複数の評価基準があり、入出力項目が多数存在する

分野の相対的効率性を評価することができる。また、各入出力項目に対するウェイトづけは、DMUごとに最適となるように自動的になされる。効率値は $0 \leq \theta \leq 1$ の範囲で表され、非効率なDMUについては、改善のための目標値を示すこともできる。

　DEAの基本モデルとして、Cooperらが提唱したCCRモデル（Charnes-Cooper-Rhodes）モデルがあり、これは規模の経済に関して収穫一定を仮定したモデルである。また、Bankerらはこのモデルを発展させて、規模の経済に対して収穫可変を分析可能とするBCC（Banker-Charnes-Cooper）モデルを提案している。

表2　1インプット1アウトプットの例

	A	B	C	D	E	F	G	H
インプット	2	3	3	4	5	5	6	8
アウトプット	1	3	2	3	4	2	3	5
アウトプット/インプット	0.500	1.000	0.667	0.750	0.800	0.400	0.500	0.625

3-2. CCRモデル

　CCRモデルはすべてのDMUの生産規模を同一とみなして評価を行い、規模に関して収穫一定の仮定を置き、技術と規模の複合的な効率値を計測す

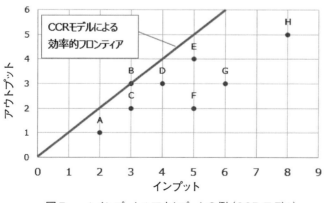

図7　1インプット1アウトプットの例（CCRモデル）

る。図7において、AからHの点はDMUの生産活動を示す。ここでは原点とB点を結ぶ直線の勾配が最も大きく、DMU Bは効率的となる。この直線が効率的フロンティアであり、効率的フロンティアより下側の領域を生産可能集合と呼ぶ。生産可能集合内のDMUはすべて非効率となる。

3-3. BCC モデル

　BCCモデルは、各DMUの生産規模に応じて評価を行い、規模に関して収穫可変の仮定を置くため、技術の効率値が計測される。図8において、効率的なDMUはA、B、E、Hの4DMUとされ、これらの点を結ぶ折れ線グラフが効率的フロンティアとなる。効率的フロンティアより下側の領域は生産可能集合と呼ばれ、この中にあるDMUはすべて非効率とみなされる。D、GはBの存在によって非効率となっており、D、GはBの参照集合と呼ぶ。

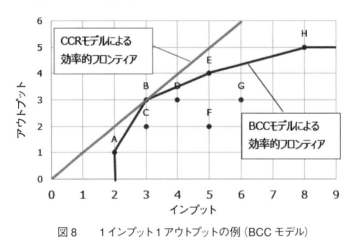

図8　1インプット1アウトプットの例（BCC モデル）

3-4. データ包絡分析法（DEA）を活用した先行研究

　刀根（2022）では、DEAを用いて、電気事業、保健医療政策、都道府県

の生産活動、金融機関などの効率性分析を行っている。また、河内山・石田（2016）では DEA を用いて Managerial Ability Score（MA-Score）として、日本企業における経営者能力の測定を行っている。これら以外にも、病院や公営事業、大学などといった公共的な性格を持つ機関や団体の効率性を測定する試みがなされている。

　しかし、比較的公共性の高い農協においては、こうした実証分析は行われておらず、本稿では、DEA を用いて全国の農協の効率値を測定し、効率性を分析する。農協を分析する手法について、農協は信用事業、共済事業、経済事業など様々な業務を行っており、それぞれの分野での財務分析手法が存在する。しかし、それらの分析手法では、全事業の総合的な分析が困難であることから、DEA による効率性の比較・分析が妥当であると考えた。また、農協は地理的に制限があり、合併等により規模が大きく異なるため、分析には生産規模に応じて評価を行う BCC モデルを採用することとした。

4. 分析方法

4-1. データ包絡分析法（DEA）

（1）本分析における DEA の利用

　JA グループとして、信用事業、共済事業、経済事業、営農・生活指導事業、厚生事業、その他事業の 6 つの事業を行っており、そのうち農協は厚生事業以外の 5 つの事業を担っている。5 つの事業はそれぞれ業種・業態が異なっていることに加え、特に経済事業は運営内容や経理処理がまちまちである。また、信用事業、共済事業は地域の人口動態や競争環境に影響を受け、経済事業は農業という地域特性に大きく影響を受ける事業であることなどから、全国の農協間で従来の財務分析（安全性、収益性、成長性、生産性）を通じて経営状況を比較することが難しい。

　そこで、農協間の経営状況の比較については、従来型の財務分析ではな

く、以下の3つの理由から DEA による効率性を分析することとした。第一に、入力項目と出力項目により経営の効率性が比較できること、第二に、公共的な性格を持つ機関や団体の効率性を測定する試みがなされており、協同組合組織である農協との親和性が高いこと、第三に、同業種内での比較が容易であるためである。効率性について、農協の使命である「組合員からの利用」を効率的に行っている農協（収入の効率性）、また事業を継続するうえで重要である利益を効率的に確保している農協（利益の効率性）を抽出することとした。

表3 農協の事業別財務分析手法等

事業	財務分析等
信用	金融機関の財務分析（運用・調達利回り、平均残高、自己資本比率、利ざやほか）
共済	保険代理店の財務分析（手数料、人件費）
経済	取扱額（仕入高、販売高）、利益率、手数料率等で分析
営農・生活指導	利益率等で分析（ただし、8割以上の農協が赤字）
その他	各種代理店の財務分析（手数料、人件費）

（2）農協の会計

農協における会計は一般的な企業会計と一部異なる名称を使用している。具体的には、各事業収益から費用を差し引いたものが「各事業総利益」、そこから人件費や施設費等の「事業管理費（販売費および一般管理費）」を控除した「事業損益」、さらに受取配当金などの事業外収入、支払利息などの事業外費用を加除した「経常損益」、以降は企業会計と同様である。

（3）使用したデータ・分析

分析に使用したデータの概要を表4に示す。インプットは、収入の効率性・利益の効率性ともに、企業会計で販売費および一般管理費とされる事業管理費を使用する。アウトプットは、収入の効率性では企業会計で売上高に当たる事業収入（各事業収入の合計額）とし、利益の効率性では企業会計で売上総利益とされる事業総利益（各事業総利益の合計）とする。インプットを

事業管理費とした意図は、金融機関のDEAにおいて、店舗数や行員数、預金利息をインプットとするケースも多いが、農協は店舗の機能が異なり、倉庫、カントリーエレベーターなどの農業関連施設もまちまちであり、職員の機能・役割も様々であるため、全国一律の基準とするため事業管理費を採用した。また、収入の効率性のアウトプットを事業収入とした意図は、農協は組合員等から事業を利用されることが設立目的であるため、利用量が反映される指標として事業収入とした。また、利益の効率性のアウトプットを事業総利益とした意図は、信用事業や販売事業などは収益と費用の管理の巧拙が経営状況の差となることから、事業総利益を採用した。なお、多変数での入出力でのDEAを行ったが、多変数によって次元が増加することで次元の呪いが生じたことから、1インプット、1アウトプットとした。データはすべて非負の値であったことから、データ補正は行っていない。

表4　使用したデータの概要

指標	インプット	アウトプット
収入の効率性	事業管理費	事業収入
利益の効率性	事業管理費	事業総利益
データ出典	全国537農協（2023年4月現在）のうち、ディスクロージャー誌公開・提供の488農協	

4-2. インタビュー調査

収入の効率性において高効率であった農協に対し、インプット・アウトプットにおける取り組みについてのインタビュー調査を実施した。インプットに関しては、事業運営の効率化やコスト削減など事業管理費の削減への取り組み、アウトプットに関しては、組合員との関係性や各事業における特徴的な施策などマーケティングを中心とした事業収入の増大への取り組みについてインタビューを行った。また、その他の取り組みとして経営全般や人事施策等についてもヒアリングを行った。

なお、利益の効率性において高効率であった農協については、財務的アプ

ローチを行うことで一定の分析が可能であるため、インタビュー調査は実施していない。

5. 結果と考察

5-1. 農協のデータ包絡分析法（DEA）による結果

　農協の DEA による結果については、収入の効率性と利益の効率性の 2 つの点から述べる。

　まず、収入の効率性については、効率性が低い農協が多く存在しており、効率が高い農協は少ない。利益の効率性に比べてバラつきが大きいが、これは農協の規模や地域性、事業特性によって、インプットである事業管理費に対して、アウトプットである事業収入の大きさに違いがあるためである。また、8 地方区分別の効率性では、北海道と九州・沖縄では比較的バラつきが大きい一方で、それ以外の地方では小さく、近畿、中国、四国では、効率値が 0.1 以上 0.3 未満に集中している。これは、北海道、九州・沖縄地方は、経済事業が盛んな地域であり、農協の規模や特産品に応じて、事業管理費に対する事業収入にバラつきがある。特に、北海道は酪農と畜産を中心に農家の事業規模が大きく、畑作においても大規模農家が中心であるため、農協も効率的に事業収入を得ることができる。一方で、それ以外の地域では、経済事業の赤字を信用事業と共済事業で補填する程度の事業収入の確保が求められ、中国、四国は全国で 1 位となる特産品と言える農作物が少ないうえに、信用事業や共済事業の規模が小さいことが、効率性が低い要因である。

　次に、利益の効率性については、効率性が 0.3 未満の農協が存在せず、収入の効率性に比べて、分布が限定されている。これは、インプットである事業管理費とアウトプットである事業総利益において、同規模の農協が多く存在すること、黒字を確保するために事業管理費に対して事業総利益の下限が規定されること、また赤字の農協は事業継続のため合併することで同程度の農協が増加することなどが要因である。8 地方区分別の効率性では、収入の

効率性とは逆に、北海道、九州・沖縄では比較的バラつきが小さい一方で、それ以外の地域ではバラつきが大きい。これは、北海道、九州・沖縄以外の地方において、都市部では信用事業・共済事業の利益規模が大きく、経済事業の赤字を補填したうえでさらに利益を確保することができる一方で、農村部では信用事業・共済事業の利益が限定的であるため、経済事業の赤字を補填するだけで精一杯であるなど地域格差が存在するためである。なお、東北地方は、収入の効率性、利益の効率性ともにバラつきが小さくなっているが、これは、事業収入、事業総利益、事業管理費で同程度の農協が多数存在しているためである。

表5 収入の効率性・利益の効率性の記述統計量

	Obs	Min.	1st	Median	Mean	3rd	Max.	SD
収入の効率性	488	0.091	0.155	0.206	0.245	0.277	1.000	0.146
利益の効率性	488	0.323	0.388	0.506	0.539	0.650	1.000	0.171

	0≦E<0.1	0.1≦E<0.2	0.2≦E<0.3	0.3≦E<0.4	0.4≦E<0.5	0.5≦E<0.6	0.6≦E<0.7	0.7≦E<0.8	0.8≦E<0.9	0.9≦E<1.0	E=1.0
収入の効率性	7	226	151	52	18	15	7	6	3	0	3
利益の効率性	0	0	0	155	85	89	81	32	19	21	6

表6 8地方区分別の効率性の記述統計量

		北海道	東北	中部	関東	近畿	中国	四国	九州・沖縄
収入の効率性	Mean	0.495	0.224	0.200	0.196	0.151	0.214	0.203	0.286
	Median	0.445	0.224	0.188	0.181	0.151	0.163	0.210	0.268
	St.Dev	0.188	0.054	0.068	0.090	0.040	0.187	0.046	0.133
利益の効率性	Mean	0.462	0.505	0.568	0.539	0.630	0.594	0.481	0.519
	Median	0.430	0.456	0.544	0.515	0.630	0.568	0.387	0.513
	St.Dev	0.108	0.138	0.186	0.172	0.193	0.199	0.163	0.143

収入の効率性

	0≦E<0.1	0.1≦E<0.2	0.2≦E<0.3	0.3≦E<0.4	0.4≦E<0.5	0.5≦E<0.6	0.6≦E<0.7	0.7≦E<0.8	0.8≦E<0.9	0.9≦E<1.0	E=1.0
北海道	0	2	3	19	8	11	6	4	3	0	2
東北	0	22	33	3	1	0	0	0	0	0	0
中部	0	53	42	3	1	1	0	0	0	0	0
関東	4	53	27	9	0	1	1	0	0	0	0
近畿	3	49	5	0	0	0	0	0	0	0	0
中国	0	13	6	0	0	0	0	0	0	0	1
四国	0	13	14	1	0	0	0	0	0	0	0
九州・沖縄	0	21	21	17	8	2	0	2	0	0	0

利益の効率性

	0≦E<0.1	0.1≦E<0.2	0.2≦E<0.3	0.3≦E<0.4	0.4≦E<0.5	0.5≦E<0.6	0.6≦E<0.7	0.7≦E<0.8	0.8≦E<0.9	0.9≦E<1.0	E=1.0
北海道	0	0	0	20	24	10	2	0	1	0	1
東北	0	0	0	22	10	10	12	3	2	0	0
中部	0	0	0	29	16	12	19	12	4	8	0
関東	0	0	0	30	14	20	17	5	3	3	3
近畿	0	0	0	11	6	7	16	7	2	7	1
中国	0	0	0	6	2	5	3	4	1	3	0
四国	0	0	0	15	4	3	3	1	1	0	1
九州・沖縄	0	0	0	22	9	24	8	3	5	0	0

5-2. 収入の効率性

(1) 収入の効率性の高い農協

収入の効率性が1となったのは、島根県農協、士幌町農協（北海道）、オホーツクはまなす農協（北海道）の3農協である。

表7 収入の効率性が1となる農協の財務データ

農協	DEA 収入	DEA 利益	事業収入（千円）	事業管理費（千円）	事業収入/事業管理費	事業収入（内訳） 信用割合	事業収入（内訳） 共済割合	事業収入（内訳） 経済割合
島根県	1.000	0.952	63,171,891	24,348,095	2.595	15.32%	11.23%	73.45%
士幌町	1.000	0.812	46,827,435	4,200,168	11.149	1.24%	0.29%	98.47%
オホーツクはまなす	1.000	0.506	9,760,347	690,243	14.140	2.09%	1.44%	96.47%
全農協平均値	0.244	0.539	7,950,660	2,862,035	3.309	21.51%	11.18%	67.31%

①島根県農協（島根県）

島根県農協は、2015年3月1日に島根県内の11の農協が統合して誕生した県単一農協で、事業収入、事業管理費ともに全国1位である。稲作が中心で、松江市大根島の牡丹生産量は世界一と言われているが、それ以外の農作物で全国1位となるものは少ない。米以外の農産物としては、ブドウや柿などの果物に加え、しまね和牛のブランド化など畜産に注力している。DEAにおいては、事業収入と事業管理費の規模が最大であることから、効率値が1となり効率的フロンティアに存在するものの、事業収入／事業管理費の比率が2.595倍で全農協平均値と比較し、効率的とは言えない。

②士幌町農協（北海道）

士幌町農協は、1931年に士幌村産業組合が設立され、1948年の農協法施

行に伴い士幌村農業協同組合が設立、1962年に町制執行に伴い現在の士幌町農協に改称された。1町農協の事業収入としては全国1位（全農協中5位）で、その98％超を経済事業で賄う農協である。これだけの規模の事業収入を確保しつつ、事業収入/事業管理費の比率が11.149倍は他農協に比べ突出している。地域の特産品は、しほろ牛としてブランド化した畜産を中心に酪農や畑作（輪作：馬鈴しょ、てん菜、小麦、豆類、スイートコーン）である。

③オホーツクはまなす農協（北海道）

オホーツクはまなす農協は、2001年3月1日に4農協が合併して誕生した農協であり、事業収入は97億円（全国115位、道内58農協中14位）と中規模で、96％超を経済事業が占め、事業収入/事業管理費の比率が14.140倍（全国1位）と突出している。地域の特産品は、酪農を中心に畜産も行っており、オホーツクはまなす牛のブランド化に取り組んでいる。また農作物としては、小麦やてん菜に加え、紫蘇、南京、スイートコーン、薄荷など希少な作物の栽培も行っている。

(2) 収入の効率性の低い農協

収入の効率性が0.1未満となったのは、東京みどり農協、東京スマイル農協、八王子農協（東京都）、大阪東部農協、県央愛川農協（神奈川県）、大阪市農協の6農協である。

収入の効率性が低い農協の特徴として、都市型の農協（東京都3農協、大阪府2農協、神奈川県1農協）で、信用事業、共済事業を中心に事業を運営し、事業管理費に対する事業収入が小さい農協である。これは、信用事業・共済事業を運営するうえで、インフラ投資や人材投資が必要となる一方で、それらの利ざやが小さいことから、効率性が低下することが要因として挙げられる。経済事業については、各農協とも取り組みはまちまちである。地域内の小規模兼業農家向けの種苗・肥料等の購買事業やそれを直売所で販売する販売事業、また農家組合員の相続等により農地の転用・賃貸・売買の支援を行う宅地供給等事業など多岐にわたる。

表8 収入の効率性が低い（0.1未満）農協の財務データ

農協	DEA 収入	DEA 利益	事業収入（千円）	事業管理費（千円）	事業収入/事業管理費	事業収入（内訳）信用割合	共済割合	経済割合
東京みどり	0.091	0.539	3,562,802	2,766,152	1.288	61.02%	20.23%	18.75%
東京スマイル	0.092	0.636	4,221,317	3,233,348	1.306	66.48%	20.75%	12.77%
八王子	0.095	0.506	2,747,867	2,048,094	1.342	57.69%	27.62%	14.68%
大阪東部	0.096	0.379	1,196,333	885,530	1.351	60.52%	22.42%	17.05%
県央愛川	0.096	0.371	1,095,314	806,692	1.358	55.09%	22.10%	22.81%
大阪市	0.098	0.534	3,372,816	2,433,383	1.386	70.88%	23.01%	6.11%
全農協平均値	0.244	0.539	7,950,660	2,862,035	3.309	21.51%	11.18%	67.31%

5-3. 利益の効率性

（1）利益の効率性の高い農協

利益の効率性が1となったのは、香川県農協（香川県）、横浜農協（神奈川県）、セレサ川崎農協（神奈川県）、東京むさし農協（東京都）、兵庫みらい農協（兵庫県）、中札内村農協（北海道）の6農協である。

表9 利益の効率性が1となる農協の財務データ

農協	DEA 収入	DEA 利益	事業総利益（千円）	事業管理費（千円）	事業総利益/事業管理費	事業総利益（内訳）信用割合	共済割合	経済割合
香川県	0.321	1.000	25,847,000	24,211,000	1.068	57.72%	20.68%	21.60%
横浜	0.124	1.000	17,840,000	15,184,000	1.175	77.86%	20.96%	1.18%
セレサ川崎	0.122	1.000	13,944,000	10,878,000	1.282	81.58%	17.40%	1.03%
東京むさし	0.116	1.000	6,125,719	5,043,334	1.215	61.23%	16.43%	22.34%
兵庫みらい	0.167	1.000	3,966,000	3,275,000	1.211	60.49%	23.80%	15.71%
中札内村	0.698	1.000	1,831,937	675,805	2.711	9.43%	3.38%	87.19%
全農協平均値	0.244	0.539	3,178,645	2,862,035	1.119	36.87%	24.16%	38.97%

表10 信用事業における財務データ

農協	平均残高（百万円） 貯金等	預金	貸出金	有価証券	利回り 貯金	預金	貸出金	有価証券	利ざや ※1	信用事業総利益（千円）
香川県	1,909,800	1,710,308	216,889	−	0.060%	0.830%	0.900%	−	0.786%	14,919,000
横浜	1,810,640	1,141,449	648,810	161,509	0.014%	0.667%	0.904%	0.726%	0.795%	13,890,000
セレサ川崎	1,511,201	957,438	550,948	84,908	0.021%	0.666%	0.843%	0.622%	0.743%	11,375,000
東京むさし	500,167	334,597	154,209	37,248	0.010%	0.610%	1.110%	0.700%	0.792%	3,750,754
兵庫みらい	435,876	375,929	53,216	4,549	0.060%	0.540%	1.050%	0.870%	0.543%	2,399,000
中札内村	29,776	29,694	3,185	−	0.050%	0.530%	1.180%	−	0.605%	172,825
1組合当たり※2	191,971	143,845	40,386	8,916	0.027%	0.593%	1.046%	0.834%	0.675%	1,228,144

※1：(預金平残×利回り＋貸出金平残×利回り＋有価証券平残×利回り-貯金等平残×利回り) /貯金等平残
※2：農林水産省　令和3事業年度農業協同組合及び同連合会一斉調査結果

表11　共済事業における財務データ

農協	長期共済保有高（百万円）		長期共済新契約高（百万円）		短期共済掛金（百万円）	共済事業総利益（千円）
	生命総合共済	建物更生共済	生命総合共済	建物更生共済		
香川県	1,447,768	1,417,092	48,822	123,521	4,606	5,346,000
横浜	871,185	2,187,825	43,065	147,168	1,371	3,739,000
セレサ川崎	453,377	1,265,905	28,612	156,321	703	2,426,000
東京むさし	150,253	586,684	8,500	57,846	355	1,006,313
兵庫みらい	291,600	217,600	8,467	16,331	1,040	944,000
中札内村	18,658	10,215	1,958	278	16,457	61,918
1組合当たり※	406,354	246,658	28,491	23,002	806	383,502

※農林水産省　令和3事業年度農業協同組合及び同連合会一斉調査結果

①香川県農協（香川県）

　香川県農協は、2000年4月1日に県内45農協のうち43農協が合併して発足、その後2003年、2013年に1農協ずつ合併した県単一農協で、事業総利益は全国1位、事業管理費は島根県農協に次いで全国2位である。農作物としては、全国上位の収穫量となるブロッコリー、キノコ類など畑作が中心で、酪農や畜産も取り扱っているが、規模は小さい。利益の効率性が高い要因として、信用事業における利ざやが大きいことであるが、これは上部団体に対する預金利回りが突出して高いためである。DEAにおいては、事業総利益と事業管理費の規模が大きいことから、効率値が1となり効率的フロンティアに存在するものの、事業総利益/事業管理費の比率が1.068で全農協平均値と比較し、効率的とは言えない。

②横浜農協（神奈川県）

　横浜農協は、2013年4月1日に5農協が合併して発足、さらに2015年に1農協と合併し、横浜市内一円を管轄地域とする農協である。事業総利益が全国7位、信用事業と共済事業が事業総利益の99％近くを占め、金融機関としての役割が大きい。総利益の77％超を占める信用事業の利ざやは0.795％と高く、共済事業の利益の源泉となる長期共済保有高・新契約高とも大きい。赤字の原因である経済事業の総利益の規模が小さいことも効率性の高さに寄与している。

③セレサ川崎農協（神奈川県）

　セレサ川崎農協は、1997年川崎市内の4農協が合併して発足、事業総利益が全国11位、信用事業と共済事業で99％近くを占め、金融機関としての役割が大きい。当農協も、横浜農協と同様であるが、信用事業の利ざやが大きいことが特徴的である。これは、都道府県団体の組織からの受取利息を示しており、信連の運用の巧拙が農協の経営に影響を与えることを示唆している。

④東京むさし農協（東京都）

　東京むさし農協は、東京都の中央に位置し、武蔵野市、三鷹市、小金井市、小平市、国分寺市の5市を営業エリアとしている。2000年4月1日に5農協が合併して発足、信用事業・共済事業の収益性の高さに加え、経済事業において、組合員の相続による宅地等供給事業での収益が高効率を実現している。

⑤兵庫みらい農協（兵庫県）

　兵庫みらい農協は、2002年4月1日に兵庫県北播磨地区の3農協が合併して発足、信用事業・共済事業の収益性の高さに加え、経済事業において、酒米（山田錦）を中心に利益率の高い経済事業運営を行っている。

⑥中札内村農協（北海道）

　中札内村農協は比較的規模の小さい農協であるが、酪農を中心に、肉牛、養豚、養鶏（ブロイラー）などの畜産が6割超を占める。畑作については、他の北海道の農協と同様に馬鈴しょ、てん菜、小麦、スイートコーンなどを取り扱っている。特に、特産品である枝豆では、農地改革や農道整備を実施し、冷凍や調理を3時間以内で行えるよう加工場を整備するなど加工品に注力することで付加価値の高い経済事業を行っている。

（2）利益の効率性の低い農協

　利益の効率性が0.35未満となったのは、阿波みよし農協（徳島県）、碓氷安中農協（群馬県）、あわ市農協（徳島県）、北びわこ農協（滋賀県）、いなば農協（富山県）、木曽農協（長野県）の6農協である。

利益の効率性が低い農協の特徴として、農村部に位置し、各事業の総利益の割合が比較的均等になっているが、事業利益（事業総利益－事業管理費）が赤字となっている。信用事業では、全国の農協平均である1組合当たりの規模に比べて小さいうえに利ざやが薄く、収益力が低い。共済事業では、長期共済保有高、新規契約高とも全国の農協平均である1組合当たりの規模に比べて小さいものの、共済事業総利益ではそれを上回る農協もあり、共済事業が効率性を下げているとは言えない。一方で、経済事業では、農協ごとに違いはあるが、水稲を中心に、なすやトマトなどの一般的な野菜が特産品であるため、販売事業での粗利益率が小さい。また、それ以外にも、イチゴやブドウ、ネギ、大麦、大豆など多品種少量の特産品を取り扱うことで、農協としては非効率な事業運営となっている。また、一部では畜産や園芸など付加価値の高い農畜産物を取り扱っている農協も存在するが、経済事業における多様な特産品を取り扱っていることに加え、信用事業と共済事業の規模が小さいことが効率性を低下させている。

表12　利益の効率性が低い（0.35未満）農協の財務データ

農協	DEA		事業総利益（千円）	事業管理費（千円）	事業総利益/事業管理費	事業総利益（内訳）		
	収入	利益				信用割合	共済割合	経済割合
阿波みよし	0.147	0.323	558,543	609,248	0.917	35.48%	46.63%	17.89%
碓氷安中	0.175	0.329	651,888	697,228	0.935	32.84%	30.95%	36.21%
あわ市	0.199	0.330	758,432	810,236	0.936	29.66%	25.12%	45.22%
北びわこ	0.236	0.337	1,454,293	1,522,383	0.955	36.63%	39.55%	23.82%
いなば	0.216	0.343	1,713,466	1,762,337	0.972	31.29%	27.86%	40.85%
木曽	0.175	0.347	1,161,770	1,178,388	0.986	41.27%	33.01%	25.72%
全農協平均値	0.244	0.539	3,178,645	2,862,035	1.119	36.87%	24.16%	38.97%

表13　信用事業における財務データ

農協	平均残高（百万円）				利回り				利ざや ※1	信用事業総利益（千円）
	貯金等	預金	貸出金	有価証券	貯金	預金	貸出金	有価証券		
阿波みよし	48,210	43,656	3,013	738	0.014%	0.421%	1.257%	0.894%	0.459%	198,163
碓氷安中	41,482	32,688	4,649	3,335	0.020%	0.457%	1.042%	0.498%	0.497%	214,066
あわ市	50,079	44,048	4,821	0	0.040%	0.483%	0.871%	0.000%	0.469%	224,952
北びわこ	133,233	118,027	9,147	6,928	0.041%	0.466%	1.011%	0.795%	0.483%	532,656
いなば	100,134	82,167	11,484	3,875	0.010%	0.450%	1.070%	0.770%	0.512%	536,085
木曽	70,859	61,500	8,034	1,401	0.010%	0.610%	1.140%	1.370%	0.676%	479,506
1組合当たり ※2	191,971	143,845	40,386	8,916	0.027%	0.593%	1.046%	0.834%	0.675%	1,228,144

※1：(預金平残×利回り＋貸出金平残×利回り＋有価証券平残×利回り－貯金等平残×利回り) /貯金等平残
※2：農林水産省　令和3事業年度農業協同組合及び同連合会一斉調査結果

表14 共済事業における財務データ

農協	長期共済保有高（百万円）		長期共済新契約高（百万円）		短期共済掛金（百万円）	共済事業総利益（千円）
	生命総合共済	建物更生共済	生命総合共済	建物更生共済		
阿波みよし	52,723	106,560	859	8,314	311	260,445
碓氷安中	44,150	57,184	618	3,886	-	201,745
あわ市	50,368	59,480	56,407	3,073	317	190,543
北びわこ	164,806	183,913	2,123	12,556	786	575,191
いなば	250,607	15,270	2,295	14,508	481	477,412
木曽	68,640	143,104	2,299	14,058	-	383,502
1組合当たり※	406,354	246,658	28,491	23,002	806	383,502

※農林水産省　令和3事業年度農業協同組合及び同連合会一斉調査結果

5-4. インタビュー調査（収入の効率性の高い農協の経営実態）

　収入の効率性が1となった士幌町農協、オホーツクはまなす農協にインタビュー調査を実施した。アウトプットである事業収入の拡大については、いかに農家組合員が農協を利用する仕組みを構築するかが重要である。一方で、事業管理費の削減については、いかに効率的な事業運営を行うかが重要である。それらを実現するために、他の農協と差別化した取り組みを行っているのが、この2農協である。

（1）士幌町農協（北海道）

　士幌町農協では、事業収入の拡大への取り組みとして、加工等6次産業化による付加価値の増大、農業政策の活用による酪農・畜産の強化を行っている。またそれに加えて、事業管理費の削減に向けた取り組みとして、自賄貯金制度による営農指導という3つの取り組みを行っている。具体的には以下のとおりである。

　第一に、加工等6次産業化による付加価値の増大については、特産品であった馬鈴しょの生産者の収入を増大させることを目的に、農協が1946年からでんぷん工場を買収するなど、古くから加工等の6次産業化に取り組んでいる。その後もでんぷん工場を拡大させるだけでなく、ポテトチップスやコロッケなどの食品加工へ進出するとともに、販路を全国に広げるために関東、関

西で工場を建設した。また、1967年には近隣の農協と共同で、バターや脱脂粉乳を製造するために、北海道協同乳業株式会社（現、よつば乳業㈱）を設立するなど生乳加工にも進出した。こうした取り組みは、農家組合員から、農畜産物を仕入れて販売するだけでなく、加工という付加価値をつけることで生産者の収入の増加と農協の事業収入の拡大に寄与している。

第二に、農業政策の活用による酪農・畜産の強化については、畜産クラスター事業（酪農・畜産）において、酪農は前述のとおり、生乳の生産を行うなかで6次産業化に取り組んだ。また、畜産は酪農家で生まれたホルスタインの雄牛を「しほろ牛」としてブランド化し、加工や流通も農協が担っている。全国でも非常に希少な取り組みとして、畜産センターを構え、十数名の獣医師を雇用している。こうした取り組みにより、畜産農家はいつでも安心して牛を受診させることができ、農協は施設利用による収入を確保することができ、獣医師は安定した雇用を確保することができる。

第三に、自賄貯金制度による営農指導について、自賄貯金制度とは、営農・生活に必要な1年分の資金を準備して、冷災害等で収入がなくても貯金によってその年の営農と家計を賄うことができる制度のことである。これは、「本年の生産代金で明年の営農ができる経営」を行う「1年おくりの農業」という考え方をもとに、営農貯金や家計貯金として、組合員の営農と生活に必要な費用1年分をスタート時点で積み上げることとしている。また、組合員の農産物販売代金の一部を積み立てる備荒貯金や、酪農家の乳代の一部を積み立てる乳牛更新積立などもあり、こうした強制的に貯金する仕組みなど積極的に組合員と関わる営農指導を行うことで、組合員の経営は安定し、農協にとっても組合員の倒産を回避し、貸し倒れ費用を抑制することができる。

このような取り組みを通じて、事業管理費の抑制と事業収入の拡大が両立し、高い効率性を確保している。

（2）オホーツクはまなす農協（北海道）

オホーツクはまなす農協では、業務のIT化、組合員との対話を通じたWin-Winの事業運営、チャレンジする組織風土の醸成の3つの特徴的な取

り組みを行っている。具体的には以下の取り組みである。

第一に、業務のIT化については、タブレット端末など組合員へのITツールの提供、牛舎における搾乳ロボットの導入や個体ごとに装着したセンサーによるデータ管理などによりICT・スマート農業の促進を図っている。農家・農業のDX化と農協のDX化をつなげることで、業務のIT化による効率化を実現した。

第二に、組合員との対話を通じたWin-Winの事業運営については、組合員との積極的な対話を通じて、例えば、これまで配達してきた飼料等を農家組合員が農協に取りに来ることで、配達コスト（特に再配達）の削減を図るなど農協の費用を削減する一方で、そこで得られた収益を配当として組合員へ還元することで農家組合員の収入が増加するというWin-Winの事業運営を行っている。

第三に、チャレンジする組織風土の醸成については、ホームページや広報誌等を通じて、組織の内外に向けてチャレンジする意思を表明するとともに、農協としての挑戦だけでなく、農家の挑戦を支える取り組みを行っている。特に、2008年2月に子会社として㈱オホーツクはまなす育成牧場を設立し、10棟の畜舎を建設し、地域内酪農家の育成牛の受け入れを行っている。また、酪農家で生まれた乳用肥育牛（ホルスタイン種）を「オホーツクはまなす牛」としてのブランド化にも取り組んでいる。ICT・スマート農業の導入だけでなく、法人化や大規模投資に挑戦する農家組合員を積極的に支援している。

5-5. 考察

DEAと財務的アプローチ、インタビュー調査の結果から、収入の効率性と利益の効率性では、農協の特徴が大きく異なることがわかった。それぞれの効率性の高い農協の特徴は以下のとおりである。

収入の効率性の高い農協の特徴として、経済事業を中心に、農家組合員である正組合員の利用拡大に注力した事業運営を行っている。組合員との関係性において組合員への指導的立場を維持しつつ、積極的な対話により、いか

に農協を利用してもらうかを重視した経営である。特に、経済事業においては、農業に関する国策をうまく取り込むなかで、大規模化やスマート農業への支援を通じて、特産品への集中投資を支えている。また、農協としても、積極的に設備投資を行い、農畜産品の調理、加工など6次産業化により付加価値を増大させることで、農家組合員と農協の双方にとってWin-Winの取り組みを実現している。

利益の効率性の高い農協の特徴として、金融資産や不動産を保有する正組合員・准組合員を中心とした事業運営を行っている。信用事業・共済事業の占める割合が大きく、もともと農家であった正組合員が離農した准組合員や近隣住民で農協に出資した准組合員が、金融機関として農協を利用している。また、経済事業においても、農業関連の取扱いよりも、正組合員の保有する農地の転用・賃貸・売却をサポートする宅地供給等事業が中心である。ただし、一部の農協では、収入の効率性の高い農協が行っているような特産品への集中投資を行うことで総利益を引き上げている農協も存在する。

5-6. インプリケーション

本稿が示したDEAによる農協の経営の効率性の分析および効率性の高い農協の取り組みを通じて、農協が主導する6次産業化の成功モデルについての示唆が得られた。そもそも6次産業化とは、農業を1次産業としてだけでなく、加工などの2次産業、さらにはサービスや販売などの3次産業まで含め、1次から3次まで一体化した産業として農業の可能性を広げようとするものである。2011年3月1日に「地域資源を活用した農林漁業者等による新事業の創出等及び地域の農林水産物の利用促進に関する法律」が施行されるなど法律的な裏付けのある取り組みである。比較的大規模な農家等が、加工や直売、農家レストランや農業体験、輸出などに取り組んでおり、2021年度末時点で法に基づく総合化事業計画の累計認定件数が2,600件となっている。こうした取り組みのなかで、農協が農家組合員への営農指導事業を通じて、特産品を開発する。その過程で、圃場整備や道路整備を行うとともに、

産地化に成功すれば、加工や調理といった 6 次産業化に取り組むことで、農協だけでなく、農業・農家の成功につながることが示された。

6. 結論

6-1. 総括

　本稿の目的は、全国に存在する 537 の農協のうち、経営の効率性が高い農協を抽出し、その農協の経営実態についての分析結果を全国の農協経営に生かすことである。問題意識として第一に掲げた農協における経営の効率性をどのように測定するかについて、DEA を通じて、測定することができたと考える。また、収入の効率性と利益の効率性の 2 種類の DEA を行ったが、その分析結果に対し、財務的アプローチを加えることで、DEA による分析の確からしさを示した。収入の効率性においては、農協の存在意義は、組合員に利用されることであり、それを端的に示した事業収入をアウトプットとした分析は、農協の価値そのものを示す。また、利益の効率性においては、利益の確保は組織の永続性に多大なる影響を及ぼすものであり、事業総利益をアウトプットとした分析は、農協の経営の安定性、組織の永続性を示す。また、問題意識として第二に掲げた経営効率の高い農協はどのような取り組みを行っているかについて、DEA の結果から導出された農協について、財務的アプローチとインタビュー調査を通じて、可視化することができた。

　収入の効率性の高い農協の特徴として、正組合員を中心とした経済事業に注力するなかで、組合員への指導的立場を維持しつつ、積極的な対話により、農協の利用を促進させる取り組みを行っている。また、農業政策をうまく取り込むなかで、組合員による特産品への集中投資を支えるだけでなく、農協も設備投資を通じて 6 次産業化による付加価値を高め、組合員と農協の Win-Win の関係を構築している。一方で、収入の効率性の低い農協の特徴として、都市型（東京都 3 農協、大阪府 2 農協、神奈川県 1 農協）の農

協で、信用事業、共済事業を中心に事業を運営している。信用事業・共済事業は、法的規制が多いため、インフラ投資と人材投資が必要であるため、事業管理費が大きくなる。しかし、信用事業・共済事業は、利ざやが小さいため事業収入が小さくなり、結果として収入の効率性は低くなる。

　利益の効率性の高い農協の特徴として、農家組合員である正組合員よりも、金融資産や不動産を多数保有する准組合員との貯金や貸出金、共済などの取引が中心となる金融機関としての事業運営が中心となる。ただし、一部の農協においては、小規模ではあるが、経済事業において付加価値の高い農業関連事業を行うことで、総利益を確保している。一方で、利益の効率性の低い農協の特徴として、農村部に位置し、各事業の総利益の割合が比較的均等であるが、事業利益（事業総利益－事業管理費）は赤字である。信用事業は、規模が小さいうえ利ざやが薄いため、収益力が低い。共済事業は、規模が小さいものの、一定の総利益を確保する農協も存在しており、共済事業が効率性を下げているとは言えない。一方で、経済事業では、農協ごとに違いはあるが、水稲を中心に、なすやトマトなどの一般的な野菜が特産品であるため、販売事業での粗利益率が小さく、さらに多品種少量の特産品を取り扱うことで、非効率な事業運営となっている。

　本稿の結論として、今後の農協の経営については、農業を中心とした本来の農協経営と金融機関としての農協への２つの方向性に深化していくと考えられる。まず、農業を中心とした本来の農協経営については、地域性を生かした特産品の生産指導を行うとともに、加工・流通を農協が担うことで農業の付加価値を高める。結果として、信用事業、共済事業、経済事業のバランスを確保した範囲の経済を重視した農協経営が求められる。次に、金融機関としての農協経営については、引き続き農家組合員である正組合員を確保しつつも、准組合員が増加するなかで、金融機関として、一定の貯金残高や共済契約が必要とされる。また、資金運用や業務運営において、厳しい競合環境のなかで、高度化・専門化が求められることから、地域性を維持したうえで、適正規模での合併により、管理費の抑制を図るとともに、積極的な人材投資により効率性を高めていくことが求められる。

6-2. 貢献と展望

　本稿の貢献は以下の３つである。第一に、これまで全国の農協を比較し、分析する研究は見られなかったが、DEA を通じて、農協単位での効率性の分析を行うことができた。第二に、収入の効率性、利益の効率性の２つの効率性において、効率性の高い農協と効率性の低い農協の実態を把握することができた。第三に、効率性の高い農協の取り組みを通じて、経済事業だけでなく、信用事業・共済事業を含めて、将来的な農協のあるべき姿を示すことができた。

　一方で、本稿で扱わなかった論点は以下の３つである。第一に、DEA において、事業収入や事業総利益、事業管理費のみの財務データによる分析しか行わなかった。DEA は、金額だけでなく、店舗数や職員数、組合員数など様々なデータの活用が可能である。しかし、農協のディスクロージャー誌からのデータ抽出であること、農協ごとの比較であるため、基準を統一させる必要があることから財務データでの分析となった。第二に、DEA において、１インプット・１アウトプットとした。DEA は複数のインプット、アウトプットなど様々な組み合わせで分析することが可能である。複数の組合せでの DEA を行ったが、次元の呪いにより効率性の高い農協が多数出現し、農協間での差異分析が困難であったことから、１インプット・１アウトプットとした。第三に、農協の財務データは 2021 年度のもののみとした。農協は決算期がまちまちで、入手できるディスクロージャー誌の年度が限られるなど入手するデータに制約があるためである。

　今後、継続的に財務データを蓄積することで、時系列での DEA を用いて、それぞれの農協自体の効率化への取り組みや、時代の流れに応じた農協経営の変化などの幅広い分析が可能となる。また、農家の担い手不足など農業の衰退に伴う経済事業の効率性の低下を補うための信用事業・共済事業の規模拡大に向け、農協合併が進んでいくことが予想される。そこで、DEA による効率性の分析を通じて、農協の合併に関する範囲や規模を示せるような研究を今後の展望としたい。

参考文献等

河内山拓磨・石田惣平（2016）「日本企業における経営者能力の測定-MA Score-」,
　『The Japanese Accounting Review』2018，8,1-22
鈴木宣弘（2022）『協同組合と農業経済　共生システムの経済理論』
刀根薫（2022）『経営効率性の測定の基礎』
堀江康煕・有岡律子（2020）「農業協同組合の収益力と将来」,『經濟學研究』
　86,85-122
堀江康煕（2014）「農業協同組合の地盤と経営効率性」,『經濟學研究』80,1-39
各ディスクロージャー誌, 農協ホームページ
JA全中ホームページ　https://www.zenchu-ja.or.jp 2023.6.5 12:49
農林水産省ホームページ　https://www.maff.go.jp 2023.7.21 15:28

謝　辞

　本研究を進めるにあたり、多くの方にご協力をいただいた。

　指導教官である、神戸大学大学院経営学研究科教授の藤原賢哉先生には、研究の進め方について多くの助言をいただき、計画通りに進めることができた。また、卓越論文候補中間公開発表会にご選出いただき、神戸大学大学院経営学研究科教授の三矢裕先生、忽那憲治先生からのご指導を受ける機会を得るなど、ここに深い感謝の気持ちを表したい。副査の神戸大学大学院経営学研究科准教授の畠田敬先生には、初めての面談時に私のテーマに興味を持っていただいたことで、その後の論文作成の励みになり、感謝申し上げる。近畿大学経営学研究科准教授 中岡孝剛先生には、個別面談の機会をいただき、DEAの理解を深めるとともに銀行における合併を通じて、農協の合併に関する示唆を得ることができ、神戸大学大学院経営学研究科博士後期課程在籍 渡邊祐作様には、農協のDEAの分析に関して多くの気づきを与えていただき、感謝申し上げる。

　ケースプロジェクト、テーマプロジェクトの両プロジェクトのメンバーである小宮仁氏、田上加奈子氏、津野祐輔氏、坂東健太氏、二川慎司氏には、本稿だけでなく、講義、その他公私ともに大変お世話になり、深く感謝する。

　また、インタビュー調査にご協力いただいた士幌町農協参事兼管理部長西田康一様、管理部経理課長 中薮康広様、オホーツクはまなす農協企画管理課長 井上牧子様には、貴重なお話をお聞きし、本研究だけでなく、自分自身の日常業務にとっても大変参考になる内容であり、心より感謝申し上げる。

　最後に、新たに学ぶ機会に快く送り出してくれた妻、子供たちに心より深く感謝する。

　誠にありがとうございました。

MBA 論文賞の役割とは
― 加護野先生に聞く ―

語り手：神戸大学名誉教授　加護野 忠男
聞き手：神戸大学大学院経営学研究科教授　宮尾 学

宮尾：神戸大学 MBA は、その創立期から「論文を書く」ということにこだわってきたのですが、当初からどのようなことを考えておられたのか、あるいはどのような議論があったのでしょうか。

加護野：そもそも MBA をやろうというのは、神戸大学の若手から出てきた意見でした。下手をすると、われわれは地方大学の経営学部になる。そうではなく日本のセンターでいたいと考えていました。そのためには、世の中の変化に追随するのではなく、自分たちで変化を生み出していくという姿勢が必要だ。だから MBA を作ろうと考えたのです。

宮尾：社会の要請に対応するというのはもちろん必要ですが、それよりも「こうあるべきだ」というのを打ち出そうということですね。

加護野：そう。神戸に MBA を作ろうとしたときに、文部省に「東京にもないものが神戸に要りますか」と言われました。しかし、われわれが考えていたのは、東京で何かが始まってそれが地方に波及するというモデルではないわけです。

宮尾：そもそも学問をやるのに地方も中心もないですし、あるいは辺境の革新性というのもあります。場所には関係なく、経営学の中心であろうという考えのもとに、MBA を設立されたわけですね。

一方で日本のさまざまな MBA プログラムでは、すべてが論文を必須にしているわけではありません。なぜ神戸大学 MBA は絶対に論文を書くんだ、と考えられたのですか？

加護野：文部省は MBA には論文は不要だって言うから（笑）。そんなことはないと。

宮尾：文部省の言っていることの反対を行こうという感じだったのですね（笑）。何か狙いはあったのですか？

加護野：文部省の考え方はこうだったと思います。MBA といえばアメリカ流で、修士論文に時間を取るんじゃなくて、その時間を講義、スクーリングにしよう、というのですね。

宮尾：いろいろな知識やフレームワークを教えて、スキルとして身につけてもらうのが MBA だ、という考え方ですね。

加護野：自分で考えて論文を書く必要はないだろうと考えていたのでしょう。

宮尾：仕事の問題はもう分かっているから、それを解くための知識を学べばいいじゃないかというのが一般的な考え方なのだと思います。しかし、神戸大学の考え方はそうじゃないわけですよね。論文を書くには自分でそもそもの問いを考えないといけないですし、その問いも、仕事で感じている問題そのものじゃないわけです。

加護野：MBA で学び始めて、その視点でもう一度自分自身のやっていることを振り返ってみたら、実は別のことを考える方が重要だった、というのはあると思います。持ってきた問題をそのまま論文にできるというほど世の中は甘くないと思いますよ。

宮尾：実際に論文を書いた学生たちからは「当初思っていたのとは全然違うものになった」とよく言われます。

加護野：そう。かといって、学者を目指す学生がやるような修士論文では困ります。

宮尾：といいますと？

加護野：学者の書いた論文や彼ら・彼女らの議論からテーマを探して、それについて書くというのでは困りますよね。

宮尾：当初からかなり要求の高いことを考えられていたんですね。
　実際それを教える先生方からすると、先生方はアカデミアの世界でトレーニングを積んできて、アカデミアの手法で論文を書いているわけですから、指導するのも大変な気がします。

加護野：うっかりするとMBAの学生さんたちをアカデミアの世界へ引きずり込もうとしてしまいます。そうしないように、学生にテーマ決定と論文の内容決定の主導権を持たせる。しかし、それに対して横からアカデミアができるアドバイスをしていくという方針にしました。

宮尾：最初から伴走型を志向していたということですね。

加護野：そうやって伴走していくと、「なるほど、そうかな」とアカデミアの方も変わる。それがおそらくMBAをやる価値です。

宮尾：学者側も学ぶわけですね。
　実際に加護野先生もゼミを指導されていたわけですが、指導されていて、何か学生たちの方から学ばせてもらったな、という経験はありますか？

加護野：初めは、こちらに何もなかった。だから、学生についていくというテーマだった。かといって、こちらのテーマをやれという安易な方法は取りたくない。

宮尾：MBA の学生たちの研究で何か印象に残っているものとかありますか？

加護野：振り返ってみれば、どれもこれも印象的なものが多いけど…。

宮尾：私が MBA にいたのが 2005 年入学でして、その年、加護野先生がゼミを持っておられたんですよね。私の同級生で印象に残っているといえば、諸井英徳さんとか…。

加護野：諸井さんは面白かったね。諸井さんのテーマは、虫歯を治す歯科医院から健康人の歯科医院へ、虫歯にならない歯科医院になるというものでした。そういう大きな方針の転換をすると、医院の主役が変わる。虫歯を治すのなら歯科医師が主役だけど、健康人のためとなると歯科衛生士たちが主役になる。こうなると、彼女たちを気持ちよく働かせるためにはどうすれば良いかを考える事が歯科医師の仕事になるのです。彼女たちが主役になると、歯科医院の中がうるさくなるよね。みんなが話をするから。

宮尾：普通、歯科医院というと静かな中で「ウィーン、ガリガリ」だけが響いているという印象がありますけれども、そうではない職場になっていく。面白いですね。

　どうすればいいんだという単純な答えを考えるのではなく、そもそも自分たちは何をしたいんだろうかとか、ビジネスの根源的な存在意義みたいなものに立ち戻るというか、そんな作業が論文を書く上では求められますよね。それこそが論文を書く意義なのかもしれないですね。

宮尾：さて、神戸大学 MBA では、加護野忠男論文賞を 2008 年度から始めていまして、もう 16 年の歴史を積み重ねています。また、その前身として 2004 年度から MBA 論文賞というものがあったそうです。論文に賞を出そうというのは、ある意味、画期的なことだなと思いますが、何か狙いのようなものはあったのですか？

加護野：初めは、慶応、早稲田、一橋からはどの程度の質の高い論文が出ているか、お互いに競争するためにやろう、というアイデアでした。みんなあまり乗ってこなかったのですけどね。

宮尾：それで神戸だけで論文賞をやろうということになったのですね。もともとは、国内の MBA の質を高めていこうという目的で、お互いどんなことをやっているか、情報を交換し合うことによって、より教育の質を高めようということだったのですか？

加護野：それと最大の目的は、先生の教育です。いい MBA 論文を先生に読んでもらって、MBA で目指すのはこういう論文だ、ということを学んでもらいたかったのです。

宮尾：審査の過程で他の論文を読んだり、賞を取った論文を読んだりするわけですから、こういうのをやればいいんだという指導の型ができていくわけですね。なるほど。そういう意図があったんですね。

加護野：結局、日本の大学の先生は、最初は誰も MBA を教えたことがないわけです。何人かアメリカの MBA で教えた経験のある先生もいましたが…。三品和広先生や松尾博文先生はそうですね。

宮尾：そういう方が MBA での教え方というのを輸入し、神戸大学で普及しておられた。

加護野：そう。で、彼らが元気づけてくれた。文部省は「アメリカのMBAには修士論文がありません。論文を書く時間はもったいない。スクーリングでより質の高いものを提供するべきです」という考えでした。でも、三品先生や松尾先生は「それは違う」と。アメリカでも本当は修士論文を書かせたいけど、何百人という学生の論文指導はできないからやってないだけだ。神戸なら、人数が少ないからできる。

宮尾：アメリカのMBAプログラムで教えられていた先生方が神戸大学に来て、それを輸入した。しかし、神戸のような少人数なら、論文指導ができる。それならぜひ論文を書かせたい。そういうことだったのですね。
　賞を出すということについてはいかがですか。

加護野：こういう形にするとみんな真剣に論文を読むでしょう？

宮尾：そうですね。副査という仕組みがあって、ゼミの先生が主査をやり、他の先生が副査としてMBA生の論文に関わります。そういうときはもちろん真剣に読みます。

加護野：それとはちょっとニュアンスが違うのです。主査は副査が何を言ってくるかということを考えて、それに対する反論を準備するように指導しますよね。となると、副査は、結局、主査に対する批判をするということになる。

宮尾：主査と副査の間で、健全な批判のし合いということになる。

加護野：でも論文賞だとちょっと読み方が違います。この論文のテーマというのは賞に値するかということを、まず議論する。こんなテーマやったら普通の修士論文でも出てくる。それはあえてMBAと呼ばなくてもいいんじゃないかとか。

宮尾：それはビジネス上のすごく大事な問いに取り組んでいるか、とかでしょうか。

加護野：そう。しかも、それはやはりアカデミアにとっても意味がある。

宮尾：アカデミアにとっても意味がある…。もう少しかみ砕いて教えていただいていいですか？ どういうふうに意味があるのでしょう。

加護野：学者としてもこういう問題を取り上げないと駄目だなということです。

宮尾：加護野先生の書かれた『コーポレート・ガバナンスの経営学－会社統治の新しいパラダイム』がありますよね。その本の最後に「経営学とは、良いことをうまくやる方法を探求する学問だ」という言葉があります。加護野忠男論文賞を受賞した論文を見ていると、ただ単に、うまくやる方法を考えているだけじゃなくて、そもそも良いこととは何だろうというのを、すごく掘り下げているような印象があるのですが、今おっしゃったのはそういうことですか？

加護野：おそらくテーマだね。テーマ決定というのは、Asking good questions, asking the right questions ということだから。

宮尾：単純にどうすればいいんだろうなというのではなく、そもそも自分たちが何をしようとしているのか、ということを正しく問うということですかね。
　どうでしょう、2008年度から始まって16年間ずっと先生は審査をされてきたのですが、論文の内容について、この16年間で変わってきた印象はありますか？

加護野：一時ね、おかしくなりかけたことがあった。それはやはり学者が自分たちの土俵へMBA論文を持ってきてしまった。これはアカデミックな論文としては価値があるけど、本当にMBA論文として価値があると言えるかというような、首をかしげるような論文が出てきた。方法論的にはsound。しかし、取り上げているテーマとしては、not interesting。

宮尾：そのようなことを審査の場でフィードバックをされたのですか？

加護野：審査員みんなで議論したりね。

宮尾：審査会の記録を見ると、そのようなことがよく議論されていますね。なるほど。そうやってMBA論文のあるべき姿というのを問い続けたのが、この16年間というわけですか。

加護野：論文賞というのは、学者の間でそういう議論をする重要なきっかけになった。

宮尾：単にいい論文を選んで賞を与えているのではなく、その審査の過程で、そもそもいいMBA論文とは何だということをずっと考えているわけですね。そうやってMBA論文の質をどんどん上げていこうという、それが狙いだったし、その狙いはある程度達成された。

加護野：指導する方の姿勢を、それで正していこうという。

宮尾：それは…指導する側としてはなかなか厳しいですね。

加護野：やはり、学者は得意な、アカデミックな方へ引き込みたくなってしまう。そうしたら普通の修士論文とそんなに変わらんものが出てきてしまう。

宮尾：だったら、MBA論文としてつまらない。

加護野：おもろない。クオリティは高いかもしらんけど、おもろない。

宮尾：今回、受賞作をまとめて出版しようとしているのですが、どういう読者に読んでもらいたいですか？

加護野：まずね、日本のMBAをやっている他の大学の同僚たちに読んでほしい。やはり、神戸はなんやかんや偉そうなこと言っているけど、そんな一般の修士論文と変わらない、と言われたらかなり反省をしないといけない。「さすがに神戸だ、質は高くないけど面白い」て言われたいね。

宮尾：質は高くないけど面白い（笑）。学会誌に載っているような方法論的に洗練された論文と比べると見劣りするかもしれないけども、取り上げているテーマが面白い、ということですよね。なるほど。それをまずはMBAプログラムをやっている他の大学の先生に読んでもらいたい。
　他に、ビジネスパーソンは読者としてどうなんでしょう。

加護野：おそらく、ビジネスパーソンには、なかなか分かってもらえないかもしれないね。

宮尾：ただ、MBAに関心を持っている人とかであれば、なるほど神戸はこういうことをやっているんだ、というのはあるかもしれませんね。

加護野：あるかもしれない。おそらくかなりのアカデミアの知識を持ってないと評価はできないと思いますよ。

宮尾：神戸のMBA論文というのは、職場の問題について調査して、こういう答えが出ましたというだけの話ではなくて、それをいったん学問的なとら

え直し方をしますよね。時には、学問的な常識もひっくり返りますし、そこに面白さがある。ですから、読むためにはMBAで学ぶような知識が少し必要かもしれませんね。

　では、最後ですが、これからのMBA論文や、MBAプログラムのあり方についてどのようなことを期待されますか。

加護野：私が期待することが正しいかどうかは分からないから、おそらくMBA論文をみんなで読みながら議論していって、本当にいいMBA論文はどんなものなんだろう、ということを常に模索していってほしい。どこかに正解があるもんじゃないでしょう。時代とともにどんどん変わっていくし、変わらないといけないと思う。

宮尾：だから、単にいい論文だねと言って賞を出すのではなく、この審査の場は、いいMBA論文とは何かというのを考えていく場なわけですね。そのために、この審査の場をこれからも使っていかないといけない。これはなかなか大きな課題をいただいちゃった気がします。答えがあるわけじゃないので、答えを探る場にしなさいよということですね。

　この本は成果として世に出るわけですけれども、それもあくまでもこういうものがいい論文なのではないかという問いかけであって、それをきっかけに…。

加護野：われわれはこういうものがいいと思いましたけどどうですか、ということ。アカデミアに対しても、ビジネスコミュニティに対しても。ビジネスコミュニティからするとちょっとアカデミアにより過ぎではないかとか、もっとビジネスコミュニティに近づいてほしいというような。

宮尾：お互いに話をして、MBAの研究とはもっとこういうふうにしていくべきだということを議論して、どんどんいいものにしていかないといけないわけですね。ですから、そのためのたたき台として常に世に問うていくのが、

この本の役割だということですね。

加護野：どんな本にも批判してくださいと書いてあるけども、この本こそ批判が必要です。

宮尾：なるほど。出してよかったねで終わるのではなく、ここをきっかけにみんなで議論するのが一番いいわけですね。

加護野：本当に、私たちも MBA プログラムというのは、こうあるべきだということを全部分かってやっていたのではなく、分からんとやっていた。分からん連中が集まって作り上げていこう、というのが日本の MBA だと思いますね。われわれも、もっと学んでいかないといけない。

宮尾：そうですね。まだまだ話は尽きませんが、時間ですのでここまでにさせていただきます。ありがとうございました。

（インタビュー：2024 年 7 月 18 日）

加護野忠男論文賞　受賞論文一覧

〈2008年度〉
金賞：竹内 雄司 氏（金井 壽宏ゼミ）
「メンタリングが職場に及ぼす影響 〜個と組織の強さが両立する職場作りにかかわる研究〜」
銀賞：下垣 有弘 氏（加登 豊ゼミ）
「コーポレート・コミュニケーションによるレピュテーションの構築とその限界：松下電器産業の事例から」
銀賞：徳宮 太一 氏（金井 壽宏ゼミ）
「同族企業における後継者育成」
銅賞：福嶋 誠宣 氏（加登 豊ゼミ）
「日本企業のグループ経営におけるマネジメント・スタイルの研究」

〈2009年度〉
金賞：芹川 至史 氏（原 拓志ゼミ）
「組織における安全に関する逸脱行為の常態化」
銀賞：安井 豪 氏（平野 光俊ゼミ）
「企業内OFF-JTを通じた人的資本投資の有効性と課題」
銅賞：井上 貴文 氏（忽那 憲治ゼミ）
「金融機関における貸出手法の決定要因　なぜ地域金融機関でリレーションシップバンキングが機能しないのか」

〈2010年度〉
金賞：光森 進 氏（上林 憲雄ゼミ）
「知識創造要因のマネジメントに関する実証研究 −研究プロジェクトにおける役割機能の分担と「場」の構築−」
銀賞：池田 隆博 氏（髙橋 潔ゼミ）
「リーダーシップのストーリーテリング（語り部）機能に関する研究」

銅賞：高村 健一 氏（桜井 久勝ゼミ）
「食品製造業の競争優位に関する実証研究 －国際優良企業の事例分析に基づいて－」

〈2011年度〉
金賞：木村 亘志 氏（原田 勉ゼミ）
「日本の医薬品業界における販売段階のアライアンスに関する考察」
銀賞：荒木 秀介 氏（平野 光俊ゼミ）
「企業倫理浸透の規定因とその機能に関する一考察」
銅賞：鴻巣 忠司 氏（平野 光俊ゼミ）
「新卒採用者と中途採用者の組織社会化の比較に関する一考察 －個人の革新行動に与える影響を中心として－」

〈2012年度〉
金賞：石川 裕章 氏（鈴木 竜太ゼミ）
「組織における不祥事の語り継ぎの研究」
銀賞：丸山 秀喜 氏（松尾 睦ゼミ）
「学習する営業チームの実証研究 －葛藤と心理的安全のマネジメント－」
銅賞：廣地 克典 氏（鈴木 竜太ゼミ）
「医薬品の研究開発における時間意識が創意工夫とイノベーションに及ぼす影響に関する研究」
奨励賞：武田 克巳 氏（國部 克彦ゼミ）
「独立社外取締役割合と属性に関する研究」

〈2013年度〉
金賞：釜平 雅史 氏（髙嶋 克義ゼミ）
「環境配慮型製品の開発プロセスに関する研究 〜国内自動車産業の事例に基づいて〜」

銀賞：南 公男 氏（髙嶋 克義ゼミ）
「戦略の策定と実行における齟齬 －企業改革の事例に基づいて－」
銅賞：中根 哲 氏（原 拓志ゼミ）
「医薬品の探索研究段階におけるプロジェクトマネジャーの役割に関する研究」

〈2014年度〉
金賞：麻生 博也 氏（原田 勉ゼミ）
「日本のバイオベンチャー企業は、創薬・新規治療開発の担い手となりうるか：成功に必要な条件と経営者プロファイルに関する研究」
銀賞：上羽 健介 氏（平野 光俊ゼミ）
「営業職のリーダーシップ持論の世代間継承に関する一考察 －不動産企業A社における事例分析を通じて－」
銅賞：柴田 曜 氏（三矢 裕ゼミ）
「新規事業におけるリアル・オプションの活用方法の提案－投資の事後評価と戦略策定における簡易的利用について あるIT企業の導入事例に基づいて－」

〈2015年度〉
金賞：飯田 宏道 氏（松嶋 登ゼミ）
「新興国ボリュームゾーン市場参入に向けた品質基準見直し時に直面する文化的コンフリクトへの対応に関する事例研究」
銀賞：前田 健児 氏（梶原 武久ゼミ）
「シェアードサービスの功罪と導入メカニズムの究明 －知財シェアードサービス事例に基づく考察－」
銅賞：舟木 俊治 氏（畠田 敬ゼミ）
「リアル・オプション法による早期開発段階の医薬品事業価値評価 －売上高営業利益率の改善－」

〈2016年度〉
金賞：坂元 剛 氏（黄 磷ゼミ）
「長期取引におけるバイヤー・サプライヤー関係管理：航空機産業の取引構造と組織間信頼」
銀賞：岡本 健男 氏（南 知惠子ゼミ）
「百貨店における小売フォーマット設計能力の漸進的革新」
銅賞：鈴木 紀子 氏（上林 憲雄ゼミ）
「日本型製薬企業における人的資源管理 －研究者のキャリアトランジションに着目して－」
奨励賞：江尻 浩隆 氏（松尾 貴巳ゼミ）
「医師・看護師のワーク・エンゲイジメントへの影響要因に関する研究 ～医師・看護師が働きたいと感じる職場づくりを目指して～」

〈2017年度〉
金賞：久保 純 氏（髙嶋 克義ゼミ）
「育薬に特化した製薬企業の創薬への道：新旧バイオ医薬品から学ぶ創薬と育薬とそのバランスの重要性」
銀賞：大野 寛人 氏（國部 克彦ゼミ）
「異業種の農業参入が共創する経済的価値と社会的価値－兵庫県の参入事例からの考察－」
銅賞：吉田 康政 氏（原田 勉ゼミ）
「マトリクス組織をグローバル規模で効果的、効率的に運営する経営革新『クロスミッション経営』に関する研究」

〈2018年度〉
金賞：舟本 恵 氏（松尾 博文ゼミ）
「都市型駅ビルが主導するアパレル・エコシステムの変革：デパ地下風ファッションフロアの創作」

銀賞：小川 博英 氏（上林 憲雄ゼミ）
「組織適応プロセスを踏まえた人事戦略のあり方」
銀賞：南 裕二 氏（原 拓志ゼミ）
「医薬品開発におけるアウトソーシングのリスク発生メカニズムの究明」

〈2019年度〉
金賞：吉川 智貴 氏（松尾 博文ゼミ）
「地域のニーズに適応したMaaS事業 －次世代交通・サービス事業の推進と持続的経営－」
銅賞：溝手 紳太郎 氏（平野 光俊ゼミ）
「創薬リーダーのTrue North」
銅賞：福永 靖 氏（平野 光俊ゼミ）
「企業組織におけるイノベーション －非連続的革新を可能にする組織と個人の力－」

〈2020年度〉
金賞：髙津 亜弓 氏（國部 克彦ゼミ）
「IFRSの導入がM&AのPost Merger Integrationに与える影響」
銀賞：松岡 佑季 氏（鈴木 竜太ゼミ）
「医療機関における情報の不確実性が組織に与える影響 － COVID-19流行下での病院を事例として－」
銅賞：塩尻 晋也 氏（伊藤 宗彦ゼミ）
「恒常的多事多端なベンチャー企業へのサービス方針の提案 －駐車場シェアリングエコノミーの独自性を掛け合わせて－」

〈2021年度〉
金賞：伊藤 俊介 氏（原田 勉ゼミ）
「ハイテク・スタートアップにおける飛躍的成長の成功要因に関する研究」

銀賞：渡瀬 小百合 氏（忽那 憲治ゼミ）
「勤続年数が情緒的コミットメントに与える影響－創業第一世代の葛藤－」
銅賞：澤田 浩佑 氏（松尾 貴巳ゼミ）
「職場における『嫌い』の研究 〜上司に対する『好悪』がコンフリクト発生時の行動に与える影響〜」

〈2022年度〉

金賞：澤田 健 氏（梶原 武久ゼミ）
「開発体制の変化が製品開発エンジニアのモチベーションと仮説創成力に与える影響 〜自動車開発の事例に基づいて〜」
銀賞：広瀬 博史 氏（藤原 賢哉ゼミ）
「Society 5.0時代におけるバリューベースヘルスケアを実現するための医療サービスイノベーションに関する研究 〜日本の医療サービスにおける価値共創を目指して〜」
銅賞：田中 政旭 氏（梶原 武久ゼミ）
「地方公共団体における人事評価制度の普及に関する研究：実質的な利用と見せかけの利用」

〈2023年度〉

金賞：秦 真人 氏（上林 憲雄ゼミ）
「建設業の人材定着マネジメント －建設業特有のものづくりプロセスと離職に関する研究－」
銀賞：桐島 寿彦 氏（原田 勉ゼミ）
「高齢者のがん医療における便益形成と治療への参加意欲を高める要因に関する研究 －サービスの便益遅延性に着目して－」
銅賞：竹村 誠 氏（藤原 賢哉ゼミ）
「農業協同組合におけるデータ包絡分析法による効率性分析と経営実態に関する研究」

〈執筆者紹介〉

秦 真人（はた・まさと）

朝日土木株式会社 取締役 経営企画室室長 DX 推進担当役員。一級建築士、修士（工学）、経営学修士（専門職）。

1983年京都府生まれ。2009年京都工芸繊維大学大学院工芸科学研究科建築設計学専攻修了後、総合建設会社にてオフィスや医療施設・研究施設などのプロジェクトの設計を担当。2022年朝日土木株式会社入社。同社勤務の傍ら、2023年神戸大学大学院経営学研究科専門職学位課程を修了。同年より現職、京都大学大学院工学研究科建築学専攻博士後期課程在籍。専攻は建築社会システム。

桐島 寿彦（きりしま・としひこ）

地方独立行政法人京都市立病院機構 京都市立病院 腫瘍内科部長。
医学博士、医療マネジメント修士（専門職）、経営学修士（専門職）。

1968年兵庫県生まれ。1994年高知医科大学医学部医学科を修了後、京都府立医科大学医学部附属病院消化器内科で消化器内科学の修練。2004年京都市立病院消化器内科へ異動し、2016年より現職。同院勤務の傍ら、2019年兵庫県立大学大学院経営学研究科専門職学位課程、2023年神戸大学大学院経営学研究科専門職学位課程を修了。

竹村 誠（たけむら・まこと）

大阪府信用農業協同組合連合会 執行役員 市場運用部長。経営学修士（専門職）。

1977年大阪府生まれ。2000年大阪市立大学経済学部を修了後、大阪府信用農業協同組合連合会にて農協の指導・支援や経営企画、有価証券運用などを担当。同会勤務の傍ら、中小企業診断士や証券アナリストをはじめ、50以上の資格を取得。常にリスキリングに取り組み、その一環として、2023年神戸大学大学院経営学研究科専門職学位課程を修了。また週末には地域の小学生サッカーチームを指導。2024年より現職。

追悼の辞

　本書の編集作業が進行している最中の 2024 年 12 月 28 日、加護野忠男先生は突然逝去されました。年末のことでもあり、私たちが訃報を受けとったのは、年が明けての 1 月 6 日でした。予想だにしていなかった訃報に、年始早々私たちは深い悲しみに包まれました。神戸大学経営学研究科・経営学部の中核として、MBA をはじめ、現在の研究科・学部の発展の基盤を築かれた加護野先生、神戸大学退職後も名誉教授、特命教授として後進の私たちを導いてくださった加護野先生、ユーモアを交えながら、おだやかにかつ力強く話す加護野先生。あの歯に衣を着せぬお言葉と温かい笑顔を二度と見られないというのは耐えられない寂しさです。

　加護野忠男先生は、1970 年に神戸大学経営学部をご卒業されました。その後、神戸大学の大学院に進学され、在学中の 1973 年に神戸大学経営学部助手に着任し、1975 年に講師、1979 年に助教授、1988 年に教授へと昇任されました。さらに、1998 年から 2000 年には経営学研究科長・経営学部長を務められ、2011 年に退職されるまでの 38 年間、神戸大学経営学部・大学院経営学研究科での教育、研究に多大な功績を残されました。また、2019 年から 2022 年までは神戸大学特命教授として再度現場に復帰していただきました。その間、1979 年には米ハーバード大学ビジネス・スクールに留学されるなどご自身も研鑽に励まれ、1989 年には「企業における組織的認識過程の研究」により、神戸大学から経営学博士号を授与されています。加護野先生の研究は経営学全般におよび、組織論、経営戦略論、コーポレート・ガバナンス論の発展に大きく貢献されました。

　加護野先生が成されたことは数多く、全てを取り上げることはとてもできませんが、最大のご功績の一つは神戸大学 MBA プログラムの立ち上げに尽力され、その基盤を築かれたことでしょう。まだ日本に社会人教育やビジネ

ス・スクールが根付く前に MBA プログラムの創設を主導し、最初のゼミを担当されたのが加護野先生でした。反対する人もいた中、見切り発車で始めたと聞いていますが、今日の MBA の隆盛を見ると、まさに先見の明とたぐいまれなる実行力を備えておられたと、心からの尊敬と感謝の念を禁じ得ません。

　加護野先生はいつも「私の言っていることが正しいとはかぎらないよ」とおっしゃりながらも、深い見識にもとづいた数々のアイデアで私たちを導いてくださいました。これから私たちは、その導きを失った悲しみを乗り越え、自らの歩みを進めていかなければなりません。ただどうしても残念なのが、本書を加護野先生にお見せできなかったことです。せめて本書をご霊前に捧げ、これまで以上に経営学研究科の発展に努力することを誓いたいと思います。加護野忠男先生、どうか経営学研究科の行く末を見守っていてください。

2025 年 1 月 10 日
雪のちらつく六甲台にて

國部 克彦
宮尾　学

MBA 論文の地平 1
2023年度 加護野忠男論文賞受賞作品集

2025年3月27日　初版第1刷発行

編者─────神戸大学専門職大学院［MBA］
発行─────神戸大学出版会
〒657-8501 神戸市灘区六甲台町2-1
神戸大学附属図書館社会科学系図書館内
TEL 078-803-7315　FAX 078-803-7320
URL: https://www.org.kobe-u.ac.jp/kupress/

発売─────神戸新聞総合出版センター
〒650-0044 神戸市中央区東川崎町1-5-7
TEL 078-362-7140／FAX 078-361-7552
URL: https://kobe-yomitai.jp/

印刷／神戸新聞総合印刷

落丁・乱丁本はお取り替えいたします
©2025, Printed in Japan
ISBN978-4-909364-32-6 C3034